아루나찰라 쉬바

아루나찰라 쉬바

ㅣ라마나 마하리쉬의 박티 요가ㅣ

라마나 마하리쉬 지음
마하데반 해설 ㅣ 김병채 옮김

Arunachala

슈리 크리슈나다스 아쉬람

· **Arunachala Siva**
Arunachala Aksharamanamalai and Arunachala Pancharatnam of
Bhagavan Sri Ramana Maharshi

translation and commentary by Dr. T.M.P. Mahadevan

Published by V.S. Ramanan, President, Board of Trustees,
Sri Ramanasramam, Tiruvannamalai 606 603, Tamil Nadu, India
(Third edition, 2000)

차 례

1. 서언 _10

2. 아루나찰라에 바치는 결혼 화환문 _13
(Arunachala Aksharamanamalai)

3. 아루나찰라에 바치는 다섯 편의 시 _197
(Arunachala Pancharatnam)

4. 아루나찰라의 현자 _215
(The Sage of Arunachala)

● ● ●

내가 십대였을 때

나를 아루나찰라의 현자에게 소개시켜 준

스와미 라제스와라난다의 영전에 이 글을 바칩니다.

바가반 슈리 라마나 마하리쉬

서 언

내가 바가반 슈리 라마나에 관한 기사를 처음 쓰게 된 것은 인디언 익스프레스(Indian Express) 지의 잡지 편집부에 있던 고(故) 아서 오스본(Arthur Osborne) 씨의 의뢰를 받아서였다. 그 기사는 스승이 돌아가시기(1950년 4월 14일) 5일 전인 1950년 4월 9일 일요일 자 신문에 「슈리 라마나, 아루나찰라의 현자」라는 제목으로 발표되었다.

그 후 나는 『참나 탐구』와 『나는 누구인가』를 영문으로 번역했고 『라마나 마하리쉬와 그의 존재 철학』이라는 책을 지었는데, 이 책들은 모두 슈리 라마나스라맘(Sri Ramanasramam)에서 출간되었다. 이 책에는 「존재에 관한 40편의 시」의 번역과 주석, 현자의 삶과 가르침의 의미에 관한 몇 가지 소견을 담은 증보

판이 실려 있다. 1977년에는 영국 런던에 있는 조지 앨런 앤드 언윈(George Allen and Unwin) 출판사가 나의 책 『라마나 마하리쉬, 아루나찰라의 현자』를 출간했는데, 이 책은 바가반 슈리 라마나의 삶과 저작물, 가르침에 각각 봉헌된 세 부분으로 구성되어 있다.

이 책 『아루나찰라 쉬바*Arunachala Siva*』에는 아루나찰라의 현자께서 손수 지으신 「아루나찰라에 바치는 다섯 편의 찬가」 중 두 편이 들어 있는데, 「아루나찰라 악샤라마나말라이*Arunachala Aksharamanamalai*」(아루나찰라에 바치는 결혼 화환문)*와 「아루나찰라 판차라트남*Arunachala Pancharatnam*」(아루나찰라에 바치는 다섯 편의 시)**이 그것이다. 선데이 익스프레스(Sunday Expres)지에 기고한 글을 부록으로 게재했다.

T.M.P. 마하데반

---

*「혼례 화환문」이라고도 한다.

**「아루나찰라에 바치는 다섯 개의 보석」이라고도 불린다.

아루나찰라에 바치는 결혼 화환문

Arunachala Aksharamanamalai

머리말

바가반 슈리 라마나가 지은 글들은 대부분 헌신자의 질문이나 의혹에 대한 대답으로서, 혹은 요청에 응하여 쓰인 것들이다.

그의 내면에서 자연스럽게 흘러나온 글들도 일부 있다. 그는 일반적인 의미의 작가는 아니었다. 다만 진리를 어렴풋하게나마 보고 싶어 하는 사람들을 위해 자신이 본 진리를 드러냈을 따름이다. 슈리 라마나가 아루나찰라 산의 비루팍샤 동굴에 머물고 있을 때, 함께 있던 헌신자들은 탁발을 하는 동안 부를 수 있는 노래를 지어 달라고 요청하였다. 그러나 당시에는 아무런 대답이 없었다. 하지만 그 후 어느 날 슈리 라마나가 자신을 따르는 헌신자들과 함께 그 신성한 산길을 걷고 있을 때, 탄원 형식의 기도문인 「아루나찰라 악샤라마나말라이」가 신의 영감을 받아 그에게서 자연스럽게 흘러나왔다. 나중에 그는 이 작품이 쓰인 계기를 들려주었는데, 이 글은 미리 계획하거나 의식적으로 생각해서 지어진 글이 아니라 가슴에서 갑자기 자연스럽게 흘러 나왔다고 한다.

슈리 라마나가 지은 아루나찰라에 바치는 찬가 중에서 맨 처음 지어진 것은 「아루나찰라 악샤라마나말라이」이다. 아루나찰라는 그 이름만으로도 어린 시절 슈리 라마나를 매혹시켰다. 그가 열일곱 살 때 집을 떠난 것은 아루나찰라를 찾기 위해서였다. 집에 남겨 놓은 쪽지에는, 자신은 진정한 아버지를 찾아가고 있으므로 아무도 자기를 찾을 필요가 없다고 쓰여 있었다. 티루반나말라이에 도착한 뒤로는 지상의 삶을 마칠 때까지 늘 그곳에 머물렀다. 아루나찰라는 그에게 단순한 산이 아니었다. 그것은 절대자영을 눈으로 볼 수 있게 해 주는 상징이었다. 그는 자신의 아드바이타(Advaita, 不二) 경험과 아루나찰라에 대한 헌신 사이에 어떤 모순도 발견하지 못했다. 사실, 가장 높은 단계에서는 갸나(jnana, 참지식)와 박티(bhakti, 헌신) 사이에 어떠한 대립도 있을 수 없다. 아드바이타 상태에서는 신이나 헌신이 들어설 여지가 없다고 보는 관점은 명백히 그릇된 것이다. 고대 산스크리트 시에 의하면, 심지어 아드바이타에 대한 성향이 소수에게 찾아오는 것조차 신의 은총 때문이라고 한다. 종교와 신비주의에서 신이라고 불리는 존재는 아드바이타에서 말하는 절대자와 같다. 결혼 신비주의에서는 헌신자가 자신을 신의 신부로 생각한다. 그는 친밀한 사랑의 언어로 신과 대화한다. 육체적 사랑과 관련된 — 육욕을 제외한 — 모든 과정은 헌신자의 영혼과 신랑인 신 사이에 일어나는 일로 목격된다. 헌신자는 사랑하는 연인을 연모하고, 연인이 싫어지고, 연인을 구슬리고, 연인을 비난하고, 연인과 다툰다. 여기에는 구애와 결합, 이별, 재결합의 과정이 있다. 결혼 신비주의로 알려진 신비주의의 단계에서, 신비주의자는 신과의 사랑 놀음을 한껏 즐긴다. 그러나 이 사다나(sadhana, 수행)의 극치는 비이원성의 실현이다. 이원적인 의식이 지속되는 한 사랑은 결코 충족되지 않는다. '둘'이 있는 곳에서는 진정한 사랑이 없다. 사랑은 '하나'이다. 그래서 아난다(ananda, 희열)는 아드바이타이고, 아트만(Atman)은 라사(rasa, 향기로운 맛)인 것이다. 슈리 라마나의 사랑의 탄원문은 이 점을 분명히 보여준다. 이 찬가의 첫째 시만 보아도, 그는 "저는 아루나찰라입니다."라는 체험을 얘기한다. 사랑이 무르익어 완전해지면 오직 아루나찰라만 존재한다. 아루나찰라가 모든 것이요, 모든 것이 아루나찰라다. 이것이 절대 경험이며 아드바이타다.

이 서정시의 제목인 「아루나찰라 악샤라마나말라이」는 '아루나찰라에 바치는 결혼 화환문' 이라는 뜻이다. 마나 말라이(Mana Malai)는 신랑과 신부의 결합을 상징하는 결혼 화환이다. 달콤한 향기가 나는 화환을 의미하기도 한다. 이 시가 악샤라마나말라이라고 불리는 이유는 찬가의 시구 첫 글자들이 알파

벳 순서로 되어 있기 때문이다. 악샤라마나말라이는 또한 '불멸의(akshara) 신과의 결혼을 표시하는 화환'을 의미할 수도 있다. 이 말 속에는 바가반 슈리 라마나의 이름(aksha-ramana)도 들어 있다. 이 찬가가 108(지극히 성스러운 숫자)편의 시로 구성되어 있는 것도 의미심장하다.

기원문

aruṇāchala vararkēṭra vakshara maṇa mālai śāṭrak

karuṇākara gaṇapatiyē karam aruḷik kāppāyē

은총을 베푸시는 가나파티시여, 제가 신랑이신
아루나찰라 신에게 이 결혼 화환문을 바치고자 하오니
손을 내밀어 저를 보호하소서.

이것은 모든 장애물의 제거자인 가나파티(Ganapati) 신에게 드리는 기원문이다. 이 기원문은 이 시의 목적이 성취되어 영혼과 신이 결합할 수 있도록, 다른 말로 하면 지바(jiva)와 브라만(Brahman)의 '다름 없음' 이 실현되도록 기원하는 것이다.

신랑(vara)은 아루나찰라이다. 이 말은 아루나찰라 하라(Arunachala Hara)를 의미하는 것으로 해석될 수도 있다. 신부는 헌신자의 영혼이다. 헌신자의 영혼은 신을 만나서 신과 하나가 되기를 갈망한다. 이러한 결합을 상징하기 위하여, 신부(영혼)는 글자로 된 화환을 만들고 신이 이 화환을 받아 주기를 간절히 바란다. 도중에 장애물이 있을지 몰라, 신부는 이 일이 무사히 성공하도록 가나파티 신에게 기도를 올리는 것이다.

후렴

aruṇāchala-siva aruṇāchala-siva
aruṇāchala-siva aruṇāchalā
aruṇāchala-siva aruṇāchala-siva
aruṇāchala-siva aruṇāchalā

이 구절은 이 장엄한 기도문의 테마이자 만트라이며, 각 시의 끝에 암송된다. 이 찬가를 잘 모르는 사람들도 이 만트라의 암송에는 함께 참여하여 합창한다.

만트라는 '아루나찰라 쉬바' 이다. 쉬바(Siva)는 가장 상서로운 신의 이름이다. 그 이름 자체가 '상서로운 존재' 라는 뜻이다. 쉬바는 본래 형상이 없지만 헌신자들에게 은총을 주기 위하여 다양한 형태로 모습을 나타낸다. 티루반나말라이에서는 쉬바가 빛과 불의 형상을 취하는데, 빛은 진리를 드러내는 존재를 상징하고, 불은 모든 불순물을 태워 없애는 존재를 상징한다. 전설에 따르면, 쉬바는 이곳에 빛기둥으로 모습을 드러냈는데, 브라마(Brahma)와 비슈누(Vishnu)가 각각 이 빛기둥의 꼭대기와 밑바닥을 발견하려 했지만 실패했다고 한다. 링가(Linga) 숭배는 이 전설에서 유래하는 것으로 보인다. 링가는 시작도 끝도 없이 빛나는 쉬바의 상징이다. 아루나찰라 산 자체가 쉬바의 링가이다. 아루나찰라 산은 크리타 유가(krita yuga)에는 불의 산, 트레타 유가(treta yuga)에는 보석의 산, 드바파라 유가(dvapara yuga)에는 황금의 산이었다가 칼리 유가(kali yuga)에 들어와서는 돌의 산으로 바뀌었다고 믿어진다. 아루나찰라 산과 불의 관계를 상기하기 위하여 해마다 한 번씩 산의 정상에 횃불을 켠다. 불의 산인 아루나찰라는 불변하는 실재의 상징이며, 헌신자에게는 신랑이다.

1

aruṇāchalamena vahamē ninaippava

rahattaivē raruppā yaruṇāchalā

오, 아루나찰라여! 당신은

"저는 진실로 아루나찰라입니다!' 라고

생각하는 사람들의 에고를 뿌리 뽑으십니다.

참나 깨달음으로 인도하는 것은 신의 은총이다. 신에 대한 헌신(bhakti, 박티)의 정점은 신이 자신과 분리되어 있지 않음을 깨닫는 것이다. 지고의 신 아루나찰라는 이른바 개별 영혼의 참나이다. 영혼으로 하여금 이 사실을 깨닫지 못하도록 방해하는 것은 무지(avidya)에서 비롯된 자아이다. 가짜의 '나'인 자아는 진정한 '나'인 신의 자리를 빼앗아 버렸다. 영혼은 자아를 자신이라고 믿음으로써 신으로부터 멀어졌다. 헌신의 목적은 신과의 거리를 없애고 신을 진정한 '나'로서 인식하는 것이다. 궁극적인 깨달음은 "저는 아루나찰라입니다." 혹은 "하늘에 계신 아버지와 저는 하나입니다."라는 형태를 띤다. 여기에서 '저'라는 단어는 외연적으로든 암시적으로든 자아가 아니라 신을 뜻한다. 헌신의 길에서도 "나는 신과 하나다."라는 지고의 정체성이 궁극의 목적지인 것이다.

몇몇 박티 파(派)에서는 네 가지 헌신의 길을 가르치는데, 등급에 따라서 종의 길(dasa marga), 좋은 아들의 길(satputra marga), 친구의 길(sakha marga), 좋은 결합의 길(san marga)로 나눈다. 이처럼 등급을 매기는 기준은 헌신자와 신 사이의 거리를 얼마나 줄였는가 하는 것이다. 그러므로 궁극의 목표는 영혼과 신 사이에 있는 최소한의 거리조차도 없애는 것이다. 달리 말해, 자신이 신과 하나라는 지고의 정체성을 깨닫는 것이 궁극의 목적지인 것이다. 이러한 깨달음을 방해하는 것이 자아이며, 자아는 무지로 인해 나타난다. 신에 대한 헌신은 자아를 일으키는 근본 원인인 무지를 파괴한다.

2

azhagu sundarampō lahamum nīyumu

ṭrabinnamā yiruppō maruṇāchalā

오, 아루나찰라여!

아자구와 순다라처럼 저와 당신 사이에

조금도 다름이 없게 하소서!

'다름 없음'이 헌신의 목표이다. 이른바 지바(jiva, 개인)와 이슈바라(Isvara, 신)는 실제로는 하나이다. 그러나 둘이 하나라는 것은 뭔가를 추가로 받은 상태가 아니라 그런 것들이 없는 상태를 말한다. 지바의 무지는 '다름'으로 나아가게 한다. 무지가 사라질 때 '하나'가 실현된다. 아루나찰라와 헌신자(bhakta, 박타) 즉 신과 영혼은 본질적으로 둘이 아니다. 겉으로는 달라 보여도 본질은 전혀 다르지 않은 사례가 여기에 제시되어 있다. 아자구(azhagu)는 타밀어로서 '아름다움'을 뜻하는 말이다. 순다라(sundara)는 산스크리트로서 역시 '아름다움'을 뜻하는 말이다. 둘 중 하나의 언어만을 아는 사람은 두 단어의 뜻이 서로 다를 것이라고 생각할 수 있다. 말을 놓고 벌이는 논쟁은 대부분 무지에 기인한다. 두 단어의 뜻이 같음을 깨닫는 사람은 표현의 차이에 의해 오도되는 것이 어리석음을 알게 될 것이다.

*** 주석** 아자구(Azhagu)와 순다라(Sundara)는 각각 슈리 라마나의 어머니와 아버지의 이름이었다.

3

ahampugun tīrttun nahaguhai śiraiyā

yamarvitta denko laruṇāchalā

오, 아루나찰라여! 당신이 제 마음에 들어오시어

저를 구하시고 당신의 가슴 동굴 속에

가두셨으니, 이 얼마나 경이로운 일인가요!

욕망의 다발이며 불안의 본거지에 불과한 마음은 지바가 머무는 곳이다. 오점 없고 순수한 가슴의 에테르는 신이 있는 곳이다. 그래서 신은 가슴의 동굴 속에 있다고 하는 것이다. 신은 구원의 은총으로써 영혼을 절망의 수렁에서 건져 올려 신의 거주처 곧 희열의 전당인 가슴속으로 인도한다. 신은 어떤 보답도 기대하지 않는다. 신의 자비에는 어떤 조건도 없다. 신은 아주 작은 구실만 있어도 영혼을 구하고자 한다. 피상적인 경험에만 의지하는 영혼은 떠도는 마음의 포로가 된다. 영혼은 신의 은총을 통해 마음의 고통에서 해방되며 안전하게 보호받는다.

아무도 모르는 제 영혼의 지성소에
당신이 들어와 머무르시겠다면
저는 빗장을 풀고 불을 밝힌 채
순수하고 온전하게 지키리.

—솔리 대위

*주석 슈리 라마나는 열일곱 살 때 부모 곁을 떠났고,

아루나찰라의 은총으로 구원을 받았으며, 그 후 마지막까지 티루반나말라이에 머물렀다.

4

āruk kāvenai yāṇḍanai yagaṭriḍi
lakilam pazhittiḍu maruṇāchalā

오, 아루나찰라여! 당신은 누구를 위하여
저를 구원하셨나요? 이제 와서 당신이 저를 버리신다면,
세상 사람들이 당신을 비난할 것입니다!

신은 은총을 베풀어 영혼을 구하지만 거기에는 아무런 목적이 없다. 신에게는 이룰 것도 없고 성취할 목표도 없다. 신이 영혼을 해방하는 것은 영혼을 위해서이다. 신은 영혼을 구한 뒤 영원히 보호할 것이다. 그러나 헌신자의 영혼은 의심한다. 영혼은 이미 덧없는 동료들, 세상 사람들과의 교제에서 쓰라린

대가를 치렀고 이제 다시 신의 은총을 되찾았지만, 신의 가호가 자신을 떠나지 않을까 두려워한다. 그래서 다음과 같이 신의 상식에 호소한다. "신이시여, '너는 선하지 않다. 이런저런 결점들이 있다.' 고 말씀하시면서 저를 외면하지 마소서. 당신 곁으로 데려오신 뒤, 이제 와서 저를 내쫓으시는 것은 온당치 않습니다. 당신께서 저를 버리시면, 세상 사람들은 당신을 어떻게 생각하겠습니까? 분명 당신을 비난할 것입니다. 그들은 당신을 비난하는 데만 관심이 있고, 또 오로지 그럴 기회만을 찾고 있음을 당신께서는 너무나 잘 알고 계십니다. 최소한 여론을 생각해서라도 저에 대한 신의를 저버리지 마소서."

5

ippazhi tappunai yēninaip pittā

yiniyār viḍuvā raruṇāchalā

오, 아루나찰라여! 이 비난을 모면하소서.

어찌하여 제가 당신을 연모하게 하셨나요?

이제 어찌 당신을 떠날 수 있을까요?

헌신자의 영혼은 신이 칭송받기를 열망한다. 그 영혼은 가장 자비로운 분인 신이 헌신자를 가혹하게 대하고 버린다며 세상 사람들에게 비난받는다는 것은 생각하고 싶지도 않을 것이다. 영혼 자신의 곤경을 보아라! 만약 영혼이 아예 구원받지 못했다면, 아무런 문제도 없을 것이다. 영혼은 이 세상의 기쁨을 행복이라고 여기면서 계속 즐겼을 것이다. 그러나 신은 자신의 모습을 영혼에게 드러냄으로써 신을 맛보게 해 주었고, 그래서 영혼은 신을 동경하게 되었다. 심지어 영혼이 신을 동경할 수 있음조차 신의 은총 때문이다. 이제 신에게 받아들여진 헌신자가 어떻게 신을 떠날 수 있겠는가? 어느 바이슈나바(Vaishnava, 비슈누 파의 수행자) 성자는 신에게 이렇게 말한다. "불멸을 주시는 당신의 연꽃 발아래에서 안식처를 찾은 영혼이 어떻게 그 밖의 다른 것을 바랄 수 있겠습니까? 연꽃이 활짝 피어 꿀로 가득 차 있을 때, 벌은 사탕수수 줄기에 눈길조차 던지지 않을 것입니다."

6

īṇḍriḍu mannayir peridaruḷ purivō
yiduvō vunadaru ḷaruṇāchalā

오, 아루나찰라여! 당신은 어머니의 은총보다
더 크신 은총을 부어 주십니다.
그런데 이러한 것이 당신의 은총인가요?
(또는, 당신의 은총은 진실로 그러합니다!)

순수하고 사심 없는 사랑의 세계에서 가장 좋은 귀감은 어머니의 사랑이다. 어머니는 자식을 위하여 기꺼이 희생할 준비가 늘 되어 있다. 어머니의 유일한 관심사는 자식의 행복이며, 자식을 위해서라면 자신에게 무슨 일이 일어나도 개의치 않는다. 헌신자에게 신은 어머니 이상이다. 신은 은총과 자비 자체이며, 조건 없는 사랑의 바다이다. 그분은 아무런 장애 없이 은총을 듬뿍 부어 준다. 그분은 헌신자의 영혼에게 아무것도 기대하지 않으며, 심지어 충성하기를 바라지도 않는다. 그분은 우주를 창조하고, 보존하며, 정기적으로 거두어들인다. 영혼이 진보하여 결국은 가장 큰 혜택인 진정한 해방을 얻을 수 있도록 하기 위하여.

헌신자의 영혼은 이제 앞 시에서 표현된 두려움으로 주의를 돌리면서, 만약 신이 자신을 버린다면 어머니의 사랑보다도 훨씬 더 섬세한 신의 사랑과 부합하지 않을 것이라고 얘기한다. 그래서 헌신자는 "이러한 것이 당신의 은총인가요?"라고 묻는다.

***주석** 티루치라팔리(Tiruchirappalli)의 록 사원(Rock Temple)에 모셔진 신의 이름은 마트루부테쉬바라, 타유마나바르(Matrubhutesvara, Tayumanavar)인데, 이는 어

머니로서 오신 분이란 의미이다.

혹은 이두보 부나다룰(iduvo vunadarul)이라는 말은 다음과 같은 의미로 해석될 수도 있다. “당신의 은총은 진실로 그러합니다. 어머니의 은총보다 더 위대합니다.”

7

unaiyē māṭri yōḍā duḷattinmē
lurudiyā yiruppā yaruṇāchalā

오, 아루나찰라여! 제 가슴속에
굳게 자리 잡으셔서 마음이 당신을 속이고
도망치지 못하게 하소서.

마음이 부리는 짓궂은 장난과 자기를 속이는 방법은 잘 알려져 있다. 마음은 보통 감각이라는 경로를 통해 밖으로 나가며 산란해지고 흩어져 사라진다. 마음은 중심에서 멀어지는 경향이 있으며, 동시에 각기 다른 방향으로 끌려가기도 한다. 마음을 길들이기는 아주 어려운 일이다. 경전에 기술된 계율은 마음을 억제하고 한 방향으로 향하게 하도록 고안된 것이다. 물 위를 걷거나 불 위에 앉아 있는 것과 같은 기적을 행하기는 오히려 쉽다고, 타밀 지방의 한 성인은 말한다. 코끼리와 호랑이를 명령에 복종하도록 만드는 어려운 묘기도 쉽다. 그러나 마음을 다스려 고요하게 하는 기술은 어렵다. 『바가바드 기타』에서 아르주나는 슈리 크리슈나에게 "마음은 참으로 변하기 쉽고 소란스럽고 집요하고 강합니다. 마음을 다스리는 것은 바람을 제어하는 것만큼이나 어려운 것 같습니다."고 한탄한다. 슈리 크리슈나도 아르주나의 말에 동의하며, "마음은 분명 정복하기 어렵고 불안정하다. 그러나 수행과 냉정함을 통해 다스릴 수 있다."고 말한다.

『쉬바난다 라하리*Sivananda Lahari*』에서 슈리 상카라(Sri Sankara)는 마음을 원숭이에 비유하고 있다. 이 원숭이는 욕망의 가지를 이리저리 뛰어다니며, 정열의 언덕을 오르내리고, 미혹의 숲을 배회하며, 지극히 활동적이며 장난기가 많다. 상카라는 쉬바를 거지들의 왕자인 카팔린(Kapalin)이라고 부르면서, "제가 당신에게 봉헌물로 드리는 이 원숭이를 헌신의 밧줄로 꽁꽁 묶어서 가져가십시오."라고 말한다. 헌신의 목적은 마음을 승화시켜 한 방향으로 집중하게 하는 것이다. 프랄라다(Prahlada)는 나라심하(Narasimha, 사자 인간)에게 다음과 같이 기도한다. "무지한 자들이 감각의 대상을 향해 품는 사랑, 제가 당신을 명상할 때 (당신을 향하여 흐르는) 그 사랑이 제 가슴을 떠나지 않고 변함없이 남아 있게 하소서!"

이 시에서는 가슴이 길을 잃지 않도록 신께서 가슴속에 굳게 머물러 달라고 애원한다. 신도 경계를 늦추지 말고 가슴이 하는 것을 끊임없이 지켜보아야 한다. 가슴에 대한 경계를 조금이라도 게을리 하면 가슴은 도망갈지 모른다. 가슴은 속이기도 잘하여 신까지도 속이려고(unai émātri) 할 수 있다. 만일 이 구절(unai émātri)을 우나이에 마트리(unaiyé mātri)로 나누면, 이 구절은 "당신마저도 바꾸거나 변형시킨다."는 뜻이 될 것이다.

8

ūrsuṭr rulamviḍā dunaikkaṇ ḍaḍangiḍa
vunnazha gaikkāṭ ṭaruṇāchalā

오, 아루나찰라여! 당신의 아름다움을 드러내시어
본래 떠돌기를 좋아하는 마음이
방해 받지 않고 고요히 당신을 보게 하소서.

마음은 쉬지 않고 달린다. 마음은 행복이 감각 대상의 주위에 있다고 상상하며 그 주위를 맴돈다. 욕망이 일어나면 욕망을 충족시키려고 애쓴다. 그런 식으로 하면 만족을 얻을 수 있을 것이라고 믿는다. 그러나 더 많이 얻을수록 만족은 점점 더 줄어든다. 더 빨리 뛸수록 마음은 더 초조해진다. 이처럼 감각의 대상을 향해 광적으로 돌진해 가는 것은 그런 대상을 매력적으로 보이게 하는 그릇된 관점에서 생겨난다. 다름 아닌 참나의 희열(atmananda)이 대상(vishayananda) 속에 비치고 있는 것이다. 바로 이 그림자가 마음을 매혹시키고 있다. 그림자가 실체로 오인되고 있고, 마른 뼈가 매력적인 살로 오해되고 있다. 마음은 소망을 이룰 때마다 실망하게 된다. 그러나 그 교훈은 번번이 잊혀져서, 애써 이룩하고 다시 잃어버리는 과정이 끊임없이 되풀이된다.

마음이 감각의 대상에 대한 집착을 버리도록, 신에게 그분의 아름다움을 드러내어 달라고 애원한다. 사실, 신 밖에는 어떤 아름다움도 없다. 이른바 세상의 아름다운 것들은 신이라는 광휘의 희미한 그림자에 지나지 않으며, 완전한 원(圓)의 조각난 호(弧)에 지나지 않는다. 신은 온 세상 사람을 황홀하게 할 수 있는 아름다움인 부바나 순다라(bhuvana sundara)이다. 신은 모든 맛을 능가하는 달콤함인 라사(rasa, 향기로운 맛)이고, 무한한 희열인 브라마난다(brahmananda)이며, 또한 더할 나위 없는 행복인 니라티사야 수카(niratisaya sukha)인 것이다. 신을 본 성자들은 신을 묘사하기를, 큐피드 중의 큐피드(manmatha-manmatha)요, 아름다움 중의 참아름다움(madana-mohana)이라고 하였다. 영혼들을 유혹함으로써 영혼들을 구원하기 위하여 신은 아바타라(avatara)로 이 세상에 태어난다. 라마(Rama)나 크리슈나(Krishna)와 같은 아바타라의 이름은 그들이 온 목적도 역시 암시하고 있는데, 그것은 인간의 가슴속에 기쁨을 전하려는 것이다. 쉬바는 아름다움의 신 순다레사(Sundaresa)로서 모든 사람이 행복해질 수 있도록 감미로움의 도시인 마두라이에서 유희를 했다고 한다. 때때로 신은 추함 속에도 아름다움이 있음을 보여 주기 위하여 혐오스러운 모습을 취하기도 한다. 락슈미(Lakshmi)는 나라심하의 모습을 한 신을 보고서 무서워하며 다가가지 못했다. 그러나 소년 프랄라다(Prahlada)는 즐겁게 춤을 추며 신에게 달려가서 무릎 위에 앉았다.

슈리 크리슈나는 아르주나에게 신의 눈(divya chaksush)을 준 뒤 자신의 우주적 모습(visvarupa)을 드러내었다. 아르주나는 고라루파(ghorarupa, 무서운 모습)를 계속 볼 수 없어서, 슈리 크리슈나에게 평소의 모습으로 돌아와 달라고 기도했다.

평범한 마음까지 사로잡으려면, 신은 아름다운 모습을 취해야 한다. 그러면 마음은 세상의 덧없는 쾌락을 헛되이 좇는 일을 그만두고, 조용히 있으면서 바로 신인 아름다움을 명상할 수 있을 것이다.

9

enaiyazhit tippō denaikkala vāviḍi

liduvō vāṇmai yaruṇāchalā

오, 아루나찰라여! 저의 자아를 부수시고
이제 저와 하나 되지 않으신다면,
어찌 당신을 남자답다고 할 수 있을까요?

헌신자의 영혼은 신에게 자기와 함께 하나 되어 자기를 그분의 것으로 삼아 달라고 호소한다. 그녀는 이제 성년이 되어 성숙해 있다. 그녀는 신을 배우자로 선택했고 다른 사람은 거들떠보지도 않을 것이다. 이제는 신이 그녀에게 와서 보호할 때이다. 더 이상 떨어져 있을 수 없기 때문에, 그녀는 신에게 와 달라고 애원하며 소리친다. 영혼의 처녀성인 자아를 부술 수 있는 것은 오로지 신랑인 그분뿐이다. 만약 신이 자신의 역할을 행하지 않는다면 지고의 남자(purusottamatva)라고 불릴 수 있는 자격을 박탈당할 것이라고 하면서, 헌신자의 영혼은 신을 마음껏 비난한다.

10

ēninda vurakka menaippira rizhukka

viduvunak kazhagō varuṇāchalā

오, 아루나찰라여! 다른 자들이 저를 끌고 다니는데,

왜 이렇게 잠만 자고 계시나요?

이것이 당신다운 모습인가요?

신의 적은 감각과 그 대상들이다. 그들에게는 영혼을 끌고 다닐 권리가 전혀 없지만 그렇게 하고 있다. 그들이 영혼을 통제한다는 것은 불법이다. 그들은 자기가 아닌(not-self) 영역에 속해 있으므로 영혼과 관계를 맺으면 안 된다. 그러나 무지한 영혼은 자신의 영적 본성을 망각하고 감각 및 감각의 대상들과 사귀고 있다. 감각과 감각의 대상들은 영혼을 그들의 변덕과 환상의 포로로 만들어 버린다. 자신의 비참한 처지를 깨달은 영혼은 헌신자가 되고 자신이 신에게 속해 있음을 기억한다. 영혼이 신에게 속해 있다면, 왜 신은 그녀를 구출하러 오지 않았을까? 잠에 빠져 버렸는가? 영혼이 다른 이의 유혹을 받을 때 왜 신은 무관심한가? 이것은 공정하지 않다. 신은 영혼을 구원하는 데 필요한 모든 권능과 힘을 가지고 있다. 그래서 영혼은 신에게 "당신에게 속한 존재가 학대당하고 있는데, 왜 잠만 자고 계시나요? 이는 저보다 당신에 대한 모욕입니다. 당신은 저의 주인이시며, 저의 명예를 지키는 것은 당신의 양도할 수 없는 의무입니다."라고 비난을 퍼붓는다.

11

aimpulak kaḷva rahattinir pugumbō

dahattinī yilaiyō varuṇāchalā

오, 아루나찰라여! 오감이라는 도둑들이

제 가슴에 들어왔을 때

당신은 제 가슴속에 안 계셨나요?

오감은 여기에서 도둑들에 비유된다. 도둑은 남의 것을 몰래 훔쳐 가는 자이다. 영혼은 감각의 소유물이 아니다. 그럼에도 불구하고 감각은 영혼을 훔쳐 간다. 감각은 가슴을 습격해 강제로 가슴속으로 들어가 영혼을 낚아채 간다. 그런데 어떻게 이런 일이 일어날 수 있단 말인가? 전지전능한 신이 가슴속에 없었단 말인가? 만약 신이 거기에 있었다면, 어떻게 감히 감각이 침입할 수 있었겠는가? 감각의 힘이 신의 권능보다 강할 수는 없다. 또한 신이 가슴속에 있으면서 잠을 자고 있을 수도 없다. 왜냐하면 신은 항상 깨어 있으며, 늘 만물을 꿰뚫어 보고 있기 때문이다(sarva drik sada). 그렇다면 신이 가슴속에 없었다는 말일까? 그러나 신은 어디에나 편재하기에 그런 일은 도저히 일어날 수 없다.

산스크리트로 된 다음의 시에서, 정열은 도둑에 비유되고 있다.

kāmah krōdhās cha lōbhās cha

dēhē tishṭanti taskarah,

Jnānaratnāpahārāya

tasmāt jāgrata jāgrata.

욕망, 분노, 그리고 탐욕과 같은 도적들은

지혜의 보물을 훔치기 위하여 몸속에 살고 있다.

그러므로 깨어 있어라, 깨어 있어라!

12

oruvanā munnai yoḷittevar varuvā

runsū dēyidu varuṇāchalā

오, 아루나찰라여! (둘도 없는) 유일한 한 분이신

당신을 속이면서 어느 누가 들어올 수 있을까요?

이는 분명 당신의 술책입니다!

감각의 도적들이 가슴속에 들어올 때 신은 잠자고 있었거나 부재했다고 가정할 수 없다면, 우리가 피할 수 없이 도달하게 되는 결론은 무엇인가? 그것은 이 모든 것이 신의 환영(maya)이라는 것이다. 신은 기만당할 수 없다. 신은 모든 것인데, 누가 또는 무엇이 신을 속일 수 있단 말인가? 그는 둘도 없는 유일한 존재다. 다수(多數)라는 세상은 신이 꾸민 연극이다. 그러므로 감각이 난무하는 세상의 드라마는 영혼을 혼수상태에서 깨우기 위해 신이 고안한 장치임에 틀림없다. 신의 명칭 가운데 하나는 기만의 드라마를 연출하는 무대감독(kapata nataka sutradharin)이다. 사타루드리야(Satarudriya)는 신을 도둑들의 신(taskaranampatih)이라고 부른다.

13

ōnkārapporu ḷoppuyar villō

yunaiyā rarivā raruṇāchalā

오, 아루나찰라여! 당신은 신성한 음절 '옴'을 뜻합니다.
당신에게 필적하거나 당신보다 우월한 자는 없습니다.
누가 당신을 이해할 수 있을까요?

신은 수없이 많은 이름으로 불린다. 이 점을 나타내기 위해 흔히 신에게는 천개의 이름이 있다고 말한다. 이 모든 이름 가운데 가장 적합한 이름은 프라나바(Pranava)라고 불리는 신성한 음절 '옴'(Om)이다. 『요가 수트라』는 프라나바가 신의 이름이라고 한다. 『만두키야 우파니샤드*Mandukya Upanishad*』는 다음과 같은 말로 시작한다. '옴'은 이 모든 것 즉 과거, 현재, 미래의 모든 것이다. 그것은 또한 세 가지 세상의 시간을 초월하는 것이다. '옴'의 음가는 세 개의 문자 즉 마트라(matras)인 아(a)와 우(u)와 음(m)으로 구성되어 있다. 여기에는 또한 소리가 나지 않는 제4의 요소(amatra)도 있다. 세 개의 글자는, 개인적 존재의 차원과 우주적 나타남의 차원에서, 참나의 세 가지 현현을 각각 상징한다. 즉 참나는 깨어 있는 상태, 꿈꾸는 상태, 수면 상태에 각각 해당하는 비스바(visva), 타이자사(taijasa)와 프라갸나(prajna)로 되어 있고, 우주적 차원에서는 거기에 대응하는 비라트(Virat), 히라니야가르바(Hiranyagarbha)와 아비야크리타(Avyakrita)로 되어 있다. '옴'은 또한 이 모든 것의 내적 실재인 투리야(turiya, 넷째)로서 이 모든 것을 초월하여 있는 것이다.

'옴'은 이름 없는 신의 이름이다. 이름이면서도 이름이 아니다. 그런 까닭에 옴은 이름 없는 실재에 가장 가깝다. 절대적인 실재는 형태가 없다. 그러나 우리는 유한하고 또 유형의 존재이기에 거기에 무수한 형태를 부여하고 있다. 이 모든 상징 가운데 링가(linga, 쉬바 신의 표상)가 가장 적합하다. 왜냐하면 그것은 유형이면서 무형이기 때문이다. 다른 표상들에게는 특정한 이름이 있지만, 링가는 단순히 표시나 상징일 뿐이다. 링가의 기원은 신이 아루나찰라로서 모습을 드러냈을 때 보여준 빛의 기둥으로 거슬러 올라간다. 따라서 링가의 원형은 아루나찰라이다. 신에 대한 수많은 공간적 표상 가운데 링가가 그렇듯이, 신에 대한 수많은 이름 가운데 '옴' 도 그렇다. 그리하여 아루나찰라는 신성한 음절 '옴' 을 뜻하는 것이다.

아루나찰라가 모든 것이기에 그에게 필적하거나 그보다 우월한 것은 아무것도 없다. 그는 다수 중의 하나가 아니다. 그는 둘이 없는 하나인 것이다. 아르주나는 『바가바드 기타』에서 신에게 다음과 같이 말한다. "당신에게 필적할 자는 아무도 없습니다. 당신보다 뛰어난 자가 어찌 있을 수 있겠습니까?" 베단타는 신이나 절대자가 유일한 실재라고 가르친다. 이 실재를 이해하기는 쉽지 않다. 말과 마음은 브라만에 도달하지 못하고 다시 돌아간다. 브라만은 형언할 수 없는 초월적인 실재이다. 마음은 브라만을 이해할 능력이 없지만, 브라만은 마음에게 이해할 수 있는 힘을 준다. 브라만은 마음 중의 마음이며, 이해 중의 이해이다.

14

auvvaipō lenakkun naruḷait tandenai

yāḷuva dunkaḍa naruṇāchalā

오, 아루나찰라여! 어머니처럼
은총을 베풀어 저를 구하시는 것이
당신의 의무입니다.

6번 시에서 신은 어머니 이상의 존재로 묘사되었다. 여기에서 다시 어머니와의 비교가 나온다. 어머니의 사랑은 인간 사랑의 극치이다. 인간적 관점으로부터 신에게 다가가려는 우리가 인간의 본성에서 가장 고귀하고 최상인 것을 그분에게 적용시키는 것은 당연하다.

이 기도는 신이 자식인 헌신자를 보호해야 한다고 말한다. 신은 우주의 어버이이다. 신은 아버지며 어머니다. 어버이는 자식을 구할지 말지 선택할 수 있는 것이 아니다. 자식을 구하는 것은 어버이의 의무이다. 그래서 헌신자는 신에게 자식인 헌신자를 구하는 것이 신의 의무임을 상기시킨다. 그 의무는 외부의 존재가 신에게 부과한 것이 아니라 신 자신의 법령이다.

아우브바이폴(auvvaipol)이라는 말은 '어머니에게 그러하듯이' 라는 뜻으로 사용될 수도 있다. 그렇다면 이렇게 해석할 수도 있을 것이다. "당신이 어머니에게 은총을 베풀듯이 그 은총을 제게도 베푸시어 저를 구하소서. 그것은 당신의 의무입니다." 아루나찰라에서 쉬바 몸의 절반을 얻은 파르바티 이야기를 참조하라.

15

kaṇṇukkuk kaṇṇāik kaṇṇindṛik kāṇunaik

kāṇuva devarpā raruṇāchalā

오, 아루나찰라여! 눈 중의 눈이시기에
당신은 눈 없이도 보십니다.
누가 당신을 볼 수 있을까요?

"모든 감각 기관 중에서 가장 중요한 것은 눈이다."라는 속담이 있다. 빛이 외부 세계를 위한 것이라면, 눈은 살아 있는 개인을 위한 것이다. 눈은 빛보다도 더 중요하다. 볼 수 있는 눈이 없다면, 빛이 있다 한들 무슨 소용이겠는가? 그런데 눈을 크게 뜨고 시력이 좋아도, 마음이 없으면 눈은 볼 수 없다. 마음은 눈 없이도 볼 수 있지만, 눈은 마음 없이 볼 수 없다. 꿈속에서는 신체 기관이 작용하지 않는다. 그러나 마음은 그 자체의 기관이 만들어 경험을 일으킨다. 마음 역시 독립적인 빛은 아니다. 마음은 참나에게서 광명을 빌린다. 깊은 잠을 잘 때, 마음은 작용하지 않지만 경험은 있다. 그 경험은 아무 대상도 존재하지 않는 경험이다. 그 경험이 참나이다. 신은 참나이며, 결코 흐려지지 않는 눈이다. 슈리 라마나가 「존재에 관한 40편의 시」에서 말하듯이, 참나는 무한한 눈(antamilak kann)이다. 이 시에서 그는 아루나찰라가 눈 중의 눈이라고 말한다. 감각 기관과 마음을 움직이는 힘을 묻는 질문에 답하여, 『케나 우파니샤드*Kena Upanishad*』는 그 힘이 곧 브라만이라고 말하면서 그 힘의 성질을 귀 중의 귀, 마음 중의 마음, 말 중의 말, 호흡 중의 호흡, 눈 중의 눈이라고 묘사한다. 쉬바 신에게 있는 제3의 눈은 지고의 절대자가 눈 중의 눈이라는 사실을 상징한다.

눈의 보는 능력은 신에게서 나온다. 그러나 신은 눈에 의지하여 보지 않는다. 신은 눈의 도움 없이도 본다. 신 곧 참나는 순수 경험이다. 그는 모든 경험을 가능하게 한다. 그러나 그 자신은 경험의 대상이 아니다. 오직 조건지어진 것만이 경험될 수 있다. 조건지어지지 않은 것은 결코 경험 내용이 될 수 없다. 그런 까닭에 슈라 라마나는 묻는다. "누가 당신을 볼 수 있습니까?"

16

kānta mirumbupōl kavarndenai viḍāmal

kalandenō ḍiruppā yaruṇāchalā

오, 아루나찰라여! 쇠붙이를 끌어당기는 자석처럼

저를 끌어당기시고, 저를 보내지 마시고는,

저와 하나 되소서.

헌신을 설명하는 익숙한 비유 가운데 하나는 자석으로 쇠 부스러기를 끌어당기는 것이다. 이것은 『쉬바난다 라하리*Sivananda Lahari*』의 다음 시에서 볼 수 있는 다섯 개의 비유 가운데 하나로 나타나고 있다.

ankolam nijabijasantatir ayaskantopalam suchika
sadhvi naijavibhum lata kshitiruham sindhuh
sarid vallabham
prapnotiha yatha tatha pasupateh padaravinda
dvayam

chetovrttir upetya tishtathi sada sa bhaktir ityuchyate.

앙콜라(ankola) 나무의 씨앗은 땅으로 떨어지다가 줄기에 달라붙는다. 바늘은 자석에 달라붙는다. 정숙한 여인은 변함없이 남편만을 생각한다. 덩굴 식물은 나무를 휘감으며 올라간다. 강물은 끊임없이 바다를 향해 흘러간다. 이와 같이 마음이 신의 발치에 앉아서 잠시도 떠나지 않고 머무르는 것, 그것이 헌신이다.

자석의 비유에서 주목할 점은 자석은 바늘을 자신에게 끌어당기지만 자신은 움직이지 않는다는 것이다. 바늘의 성질은 자석의 영향을 받게 되어 있다. 신은 움직이지 않는(achyuta) 원리이다. 그러나 그의 영향력은 헌신자의 영혼을 움직이고, 영혼은 다른 목적을 다 버리고 오직 신만을 찾는 것이다.

이 시에서 영혼은 신의 존재 속에서 자기를 잃기를 갈망한다. 영혼은 자신을 삼켜 자기의 개별성이 하나도 남지 않게 해 달라고 신에게 간청한다. 영혼의 입장에서 본 결합은 때때로 물과 물의 결합, 우유와 우유의 결합에 비유된다.

17

giriyuru vāgiya kirubaik kaḍalē
kripaikūrn daruluvā yaruṇāchalā

오, 아루나찰라여! 산의 모습으로 나타난
은총의 바다시여!
당신의 은총을 제게 베풀어 주소서.

신은 빛의 산으로 나타난다. 산으로 비유하는 까닭은 신의 장엄함, 웅장함, 거대함을 유추하게 하기 위함이다. 아루나찰라의 광휘는 측정할 수 없다. 아루나찰라는 언어와 마음이 도달할 수 없는 곳에 있다. 신들조차도 그의 위대함을 측정할 수 없다. 그는 모든 것 위로 우뚝 솟아 있고 멀리 서 있는 것처럼 보인다. 그는 초월적이다. 그러나 어디에나 존재한다. 그보다 더 가까이 있는 것은 아무것도 없다. 왜냐하면 그는 모든 것의 참나이기 때문이다. 그는 자비의 광대한 바다이며 은총의 대양이다. 신화에 나오는 우유 바다는 은혜와 자비의 상징이다. 신은 인자함과 선함 때문에 바다에 비유된다. 신은 더없이 높은 지혜이며 더없이 깊은 감정이다. 신은 모든 것을 품고 모든 것을 삼킨다. 모든 것은 신의 은총으로 존재한다.

신의 은총을 내려 달라는 기도보다 더 효험 있고 고귀한 기도는 없다. 사람들은 흔히 사소한 것을 위하여 기도한다. 그래도 전혀 기도하지 않는 것보다는 분명히 낫다. 그러나 가장 좋은 기도는 이익을 바라지 않는 기도이다. 우리는 마땅히 기도해야 하기 때문에 기도해야 한다. 은총은 기도를 보완하는 것이다. 헌신자의 영혼은 신에게 기도하며 오직 은총이신 신만을 구한다. 실은, 기도 자체도 은총으로 인해 가능한 것이다.

18

kīzhmē lenguṅ kiḷaroḷi maṇiyen

kīzhmaiyaip pāzhsei yaruṇāchalā

오, 아루나찰라여! 아래에서, 위에서,

도처에서 빛나는 보석이시여!

저의 천함을 없애 주소서!

평지에 있는 우리가 보기에 산꼭대기는 위에 있고, 해저는 아래에 있다. 우리는 유한하기 때문에 고저, 원근, 전후, 선악과 같은 구분을 하게 된다. 그러나 어디에나 있는 신에게는 어떤 구별도 없다. 그는 언제 어디서나 똑같고, 모든 것 안에 있다. 사실, 그에게는 '다른 것' 이 없다. 그는 둘이 없는 하나이다. 그는 스스로 빛나는 순수 의식이다. 그래서 빛나는 보석에 비유하는 것이다. 그 빛은 더없이 귀중하지만 이것과 저것을 구분하지 않는다. 신 즉 아트만은 스스로 빛을 발한다(svayam-jyotis). 『우파니샤드 *Upanishad*』에 따르면, "그것은 위에도 있고 아래에도 있으며, 앞에도 있고 뒤에도 있으며, 남쪽에도 있고 북쪽에도 있다. 참나는 이 모든 것이다."

스스로 빛나는 진정한 지성이 항상 있지만, 우리는 눈을 감고서 안 보인다고 불평만 한다. 무지가 우리의 눈을 가린 것이다. 무지는 모든 악과 죄의 근원이다. 그것이 천함의 바탕을 이루고 있다. 헌신자의 영혼은 신에게 무지를 없애 달라고 호소한다. 영혼은 신에게 신의 약속을 상기시킨다.

sarva dharman parityajya mamekam saranam vraja,
aham tva sarva papebhyo mokshayisyami ma suchah

모든 다르마(dharmas, 길)를 버리고,

오로지 내 안에서만 피난처를 구하라.

나는 모든 죄에서 너를 해방시킬 것이다.

슬퍼하지 말라!

19

kuṭramuṭr raruttenai guṇamāip paṇittāḷ

guruvuru vāyoḷi raruṇāchalā

오, 아루나찰라여! 저의 죄를 완전히 없애 주시고,

저를 선하게 하여 구원하소서.

스승의 모습으로 빛나는 당신이시여!

앞의 시에서 헌신자의 영혼은 "저의 천함을 없애 주소서."라고 신에게 간청했다. 똑같은 간청이 여기에서도 반복된다. 천함의 바탕은 무지이다. 여기에서는 무지를 죄 혹은 결함(kutram)이라고 말한다.

무지는 모든 죄의 근원이다. 『쉐이바 시단타*Saiva Siddhanta*』는 영혼의 세 가지 주된 결함을 아나바(anava), 마야(maya), 카르마(karma)라고 말한다. 『아드바이타 베단타』에서는 아비디야(avidya), 카마(kama), 카르마(karma)를 세 가지 큰 결함으로 자주 언급하고 있다. 카르마는 우리의 행위와 그 잔상으로 구성되어 있다. 욕망(kama)은 이런 것들의 씨앗이다. 욕망은 자아를 자기라고 믿는 그릇된 동일시로부터 생기며, 이것이 곧 무지(avidya) 혹은 모름(ajnana)이다. 따라서 무지가 원죄(mula mala)이다. 무지가 완전히 없어져야만 다른 죄들도 모두 사라질 것이다. 무지는 눈앞을 가리는 어둠이나 포박하는 밧줄의 매듭 등으로 비유된다. 지혜는 어둠을 물리치는 빛이며 매듭을 자르는 칼이다. 지혜는 신의 은총으로 말미암아 얻어진다. 지혜는 지고의 선이다. 소크라테스의 말을 빌자면, 참지식은 덕이다. 결함이 제거될 때 영혼의 본성인 선(善)이 드러난다. 신은 구루(Guru)의 역할을 함으로써 결함을 제거한다. 구루라는 말의 의미는 '무지의 어둠을 파괴하는 자' 이다. 무지를 파괴하는 자는 무지의 지배를 받을 수 없다. 이것이 신, 지고의 참나이다. 신, 구루, 아트만—이들은 하나이며 동일한 실재의 다른 형태에 불과하다. 세상의 스승으로서 실재는 닥쉬나무르티(Dakshinamurti)라고 불리는데, 이 이름은 에테르처럼 모든 곳에 충만해 있는 진리라는 뜻이다.

isvaro gurur atmeti murti bheda vibhagine
vyomavat vyapta dehaya dakshinamurtaye namah.

.20

kūrvāṭ kaṇṇiyar koḍumayir paḍādaruḷ
kūrndenaich chērndaru ḷaruṇāchalā

오, 아루나찰라여! 잔인하며 기만적인 자들의
속임수에 넘어가지 않게 하시고, 당신의 은총을
제게 베푸시어 저와 하나 되어 주소서.

세상은 우리에게 너무 버겁다. 우리는 거기에 파멸이 있는 줄도 모르고 세상의 속임수에 넘어간다. 감각 기관들은 우리를 선하고 영원한 존재, 곧 지고의 참나로부터 멀어지게 한다. 마음은 지나가는 연극에 사로잡혀 넋을 잃고 혼란에 빠진다. 마야라는 연극이 우리를 속이는데, 말하자면 감각의 대상이라는 대리인들이 던져 놓은 그물에 우리가 걸려드는 것이다. 그들은 우리를 노예로 사로잡은 뒤 무자비하게 괴롭히고 고문한다.

영혼의 주인인 신이 아니라면, 과연 누가 이 슬픈 고통에서 헌신자의 영혼을 구할 수 있겠는가? 그래서 영혼은 비참한 고통에서 자신을 구원해 달라고 신에게 호소한다. 만약 영혼이 은총을 입어 신과 결합할 수만 있다면, 그 무엇도 영혼을 해칠 수 없을 것이다.

21

kenjiyum vanjiyāik konjamu mirangilai

yanjalen rēyaru ḷaruṇāchalā

오, 아루나찰라여! 이렇게 애원함에도, 당신은

무정한 분처럼 자비를 보이지 않으십니다.

"두려워 말라!"고 말씀해 주시고 은총을 내려 주소서.

이것은 비난의 형태를 한 칭찬이다(ninda stuti). 신은 사람을 속이지 않으며 무정하지도 않다. 아루나찰라는 이미 은총의 바다라고 표현되었다. 밭이 준비되지 않아 씨앗이 싹트지 않는다면, 그것은 너그러운 비의 잘못이 아니다. 영혼 속에 내재하는 결함들이 은총의 하사를 방해한다. 신을 향해 나아가는 헌신자의 영혼은 이 사실을 깨닫고 결함들을 제거해 달라고 신에게 기도한다. 그러나 신으로 가는 여행 중에 영혼은 때때로 초조해지며, 신이 도와주지 않아 도착이 지체된다며 신을 비난한다. 신이시여, 영혼을 구하러 즉시 달려가지 마십시오. 신이시여, 적어도 영혼이 두려워할 필요가 없다는 확신은 주십시오. 신이시여, 영혼을 두려움으로부터 보호하겠다고 약속하소서(abhaya pradana).

22

kēlā daḷikkumun kēḍil pugazhaik
kēḍusey yādaru ḷaruṇāchalā

오, 아루나찰라여! 요청하지 않아도 주신다는
당신의 흠 없는 명성을 더럽히지 않도록
저에게 은총을 내려 주소서.

헌신자의 영혼은 계속해서 신의 은총을 염원한다. 세속의 남편의 경우에는, 대개 우리는 그에게 원하는 것을 분명히 요청해야 한다. 그는 우리가 무엇을 원하는지 모를 수 있기 때문이다. 또 설령 안다고 해도 그에게는 줄 능력이 없을지도 모른다. 유한한 인간의 특징은 참지식이 거의 없고 능력도 적다는 것이다. 반면, 신은 전지전능하다. 그는 모든 존재의 필요를 알고 있으며, 그 필요를 충족시킬 힘을 가지고 있다. 진정 신은 그처럼 위대하다. 그런데 만약 신이 애타게 열망하는 헌신자의 영혼을 구원하러 오지 않는다면 그 위대함은 어떻게 되겠는가? 사람들은 신을 어떻게 생각하겠는가? 신의 지식을 얕잡아 보거나 신이 냉혹하다고 비난하지 않겠는가? 그러므로 신은 적어도 자신에 대한 평판을 지키기 위해서라도 헌신자의 영혼에 그의 은총을 부어 주어야 한다.

23

kaiyinir kaniyun meyrasaṅ koṇḍuva

gaiveri koḷavaru ḷaruṇāchalā

오, 아루나찰라여! 은총을 내려 주시어, 제가
손에 놓인 과일 주스처럼 당신이라는
진짜 주스를 마시는 기쁨으로 황홀하게 하소서.

'손바닥에 놓인 과일' 이라는 표현은 수정처럼 분명하고 의심할 여지없이 성취한 것을 나타내기 위하여 흔히 사용하는 비유이다. 이런 의미로 인용되는 과일은 대개 아말라카(amalaka)라는 과일이다. 그러나 이 문맥에서는 포도와 같은 과일이 더 어울릴 것이다.

신은 기쁨을 선사하는 본성 때문에 과일 주스에 비유된다. 그는 지고의 정수(rasa)이다. 『타이티리야 우파니샤드*Taittiriya Upanishad*』는 다음과 같이 말하고 있다.

raso vai sah rasam hy evayam labdhva
anandi bhavati ko hy evanyat kah
pranyat yad esa akasa anando na syat.

esa hy eva anandayati

"정수는 그분이시다. 정수를 얻은 사람은 행복해진다.

가슴의 에테르에 이 행복이 없다면,

과연 누가 숨을 들이마시거나 내쉴 수 있겠는가?

그래서 행복을 가져다주는 것은 바로 그분이시다."

24

koḍiyiṭ ṭaḍiyaraik kollunaik kaṭṭik

koṇḍengan vāzhvē naruṇāchlā

오, 아루나찰라여! 당신은 헌신자를

죽이겠다고 결심하셨으니 당신과 포옹한 후

제가 어찌 살아남을 수 있을까요?

아드바이타 신비주의의 목표는 정체성의 실현이며, 정체성의 실현이란 헌신자와 헌신하는 대상의 관계조차 초월함을 의미한다. 이는 신의 의향, 곧 헌신자들을 죽이겠다는 신의 단호한 의지를 나타낸다. 헌신자의 자아는 신의 은총에 의해 완전히 파괴된다. 그 후로는 어떻게 차이가 존재할 수 있겠는가? 우리는 영성의 결혼에 대해 이야기하지만, 우리가 알고 있는 결혼과 영적 결합 사이에는 상당한 차이가 있다. 후자의 경우에는 두 개의 실체가 없지만, 전자는 두 개의 실체를 필요로 한다. 신과 포옹한 헌신자의 영혼에게는 개별성이라는 것이 조금도 남아 있지 않다. 신성을 껴안는 행위는 자아를 없애는 과정이다.

수레슈와라(Sureshwara)가 지은 책 『브리하드 바르티카*Brihad Vartika*』를 보면, 현인 야그나발키야(Yajnavalkya)는 그의 아내 마이트레이(Maitreyi)에게 다음과 같이 말한다. "파르바티(Parvati)는 쉬바를 너무나 사랑한 나머지, 쉬바의 몸 반쪽이 되었지요. 그런데 당신은 온 자아로써 내 존재 전체를 얻고자 열망하는군요."

25

kōpamil guṇattōy kuriyā yenaikkoḷak
kuraiyen seydē naruṇāchalā

오, 아루나찰라여! 당신은 노여움이 없으며 모든
성스러운 자질을 타고 나셨습니다. 당신이 저를
표적으로 삼으시다니, 제가 어떤 좋은 일을 했나요?

절대자인 신에게는 어떤 자질도 없다. 그러나 만약 신에게 자질들이 주어진다면, 야비하거나 사악한 것은 하나도 신에게 주어질 수 없다. 숭배를 위한 목적으로, 신은 모든 성스러운 자질을 부여받은 것으로 간주된다. 노여움과 같은 격정은 신의 것이 아니다. 무지한 까닭에 우리는 신이 파괴하는 것은 분노 때문이라고 여길지 모른다. 그러나 진리를 아는 자는 세상을 파괴하는 신의 행위가 가장 자비로운 행위임을 안다. 잠이 개별 영혼에게 휴식을 주고 새롭게 하듯이, 우주의 소멸도 창조물 전체에 휴식을 주고 새롭게 한다. 신의 삼위일체 중에서 파괴의 기능은 루드라 쉬바(Rudra Siva)와 관련된다. 그 결과 어떤 이들은 루드라(Rudra)를 성난 신으로 묘사한다. 그러나 여기에는 어떤 정당성도 없다. 루드라는 가장 성스럽고 희열의 신인 쉬바 신이다.

아루나찰라 쉬바의 존엄한 현존에서 헌신자의 영혼은 자신의 불완전함을 깨닫는다. 그런데 영혼은 자신이 쉬바의 은총을 받는 것은 과거에 그만큼 가치 있는 일을 했기 때문일 것이라고 느낀다. 신이 베푸는 은총의 분량은 영혼의 바람과는 상관이 없다. 영혼이 바라는 대로 은총이 주어진다면, 그것은 더 이상 은총이 아닐 것이다. 신이 기다리는 것은 오직 은총을 받아들이려는 영혼의 적절한 태도뿐이다. 영혼이 이런 의미로 성숙하면, 은총은 불시에 찾아와 영혼을 변모시킨다. 그러면 영혼은 신의 표적이 된다.

쿠라이엔 세이덴(Kuraiyen seyden)이라는 표현은

"제가 어떤 무례를 범했습니까?"라는 의미도 된다. 그러면 그것은 비난의 형태를 띤 칭송이 될 것이다. 헌신자의 영혼은 신에게 말한다. "제가 저지른 죄가 무엇인가요? 왜 당신은 저를 파괴의 목표물로 선택하셨나요?"

26

gowthamar pōṭṭrum karuṇaimā malaiyē
kaḍaikkaṇit tāḷvā yaruṇāchalā

오, 아루나찰라여!
고타마가 칭송했던 은총의 산이시여!
은총의 눈길을 저에게 보내시어 저를 구하소서!

『푸라나*Puranas*』에 따르면, 파르바티는 한때 쉬바 신의 세 눈을 장난삼아 손으로 감긴 적이 있다. 잠깐 동안 벌어진 일이었지만 우리에게는 긴 시간이었다.

이 기간에 어둠은 세상을 덮었고, 모든 생명이 멸종했다. 파르바티는 자신의 행동을 속죄하기 위하여 이 세상에 태어나야만 했다. 그녀는 태어난 후 칸치푸람(Kanchipuram)에서 고된 수행을 하고 신에게 예배를 드렸다. 그녀는 여기에서 신의 목소리를 들었는데, 신은 그녀에게 티루반나말라이로 가서 오두막에서 살고 있는 현자 고타마(Gautama)를 만나 쉬바 신과 재결합할 수 있는 방법을 배우라고 지시했다. 파르바티는 들은 대로 했고, 결국에는 쉬바 신의 반쪽 몸을 가진 정체성을 얻게 되었다. 이 시에 나타난 언급은 바로 이 이야기를 가리키고 있다.

고타마는 신의 참된 본성을 깨닫고 그를 찬양했다. 파르바티는 이 찬양을 들은 뒤 더욱 열렬히 헌신했고, 마침내 신과 하나가 되었다. 헌신자의 영혼은 자신도 신의 은총으로 구원을 받고자 기도한다.

* **주석** 바가반 슈리 라마나가 태어난 고향 티루추지(Tiruchuzhi)도 현자 고타마의 관할 하에 있었다고 한다.

27

sakalamum vizhungum kadiroḷi yinamana

jalaja malarttiyi ḍaruṇāchalā

오, 아루나찰라여! 당신의 빛으로
온 우주를 삼키시는 눈부신 태양이시여!
제 가슴의 연꽃을 열어 주소서.

아루나찰라라는 말 자체가 '빛의 산', '여명의 산'을 뜻한다. 아루나찰라는 빛 중의 빛이요, 태양 중의 태양이다. 그는 스스로 빛을 발하는 지성으로서 모든 존재의 토대이다. 만물은 그를 본받아 빛을 발한다. 그가 발하는 빛의 광선이 이 세상에 두루 미칠 때, 이 세상은 의미 있게 되며 충족된다.

헌신자의 영혼은 가슴의 연꽃이 피어나 그 목적을 이루도록 그 가슴 연꽃에 빛을 비추어 달라고 태양 중의 태양에게 호소한다. 속박의 상태는 연꽃의 봉오리 상태에 비유된다. 속박은 가슴의 매듭(hridaya granthi)으로서 묘사된다. 가슴의 연꽃이 피어나려면 지혜의 태양이 떠올라야 한다. 지혜가 밝아 오기 시작할 때, 가슴은 지금까지 자기를 구속하고 있던 족쇄를 끊고서 꽃을 피운다.

똑같은 개념이 슈리 바가반의 「아루나찰라 판차라트남*Arunachala Pancharatnam*」의 첫째 시에서 표현되고 있다.

28

sāppāḍunnaich chārnduṇa vāyān

sāntamāip pōva naruṇāchalā

오, 아루나찰라여! 당신을 저의 양식이라 생각하며

당신에게 의지할 때, 저는 당신의 양식이 되었습니다.

이제 제가 침묵하게 하소서!

사람들은 대개 실용적인 이유 때문에 신을 믿는다. 많은 전통적인 종교들은 신을 세속적인 이익을 분배해 주는 대행자로 만들어 버린다. 헌신자는 이기적인 목적을 채우기 위하여 신에게 다가간다. 예를 들어, 우리는 비참한 고통에 빠져 있을 때 신을 생각한다. 이것은 신을 전혀 생각하지 않는 것보다는 훨씬 낫다. 비록 처음에는 어떤 이익을 바라고 신과 관계를 맺는다 해도, 신과 친밀한 사이가 되면 유한한 목적들은 모두 가치를 잃게 된다. 헌신이 무르익게 되면, 이제는 이런저런 선물을 준다는 이유로 신을 사랑하지는 않는다. 왜냐하면 신이 전부이며 신 말고는 어느 것도 참되지 않다는 것을 깨닫기 때문이다. 마침내 우리는 신 안에서 다 소멸되어 버린다. 그 결과로 생기는 이익은 무엇이겠는가? 침묵과 평화(santam)이다.

산탐(santam)이라는 말에는 '끝이 있는' 이라는 뜻도 있다. 그렇다면 그 의미는 사람의 개별성이나 자아가 신 안에서 파괴된다는 뜻이 될 것이다.

29

chittam kuḷirakkadi rattamvait tamudavā
yaittira varuṇmadi yaruṇāchalā

오, 아루나찰라여! 은총의 달이시여!
당신의 빛나는 손으로 제 마음을 서늘하게 하시어
감로처럼 향기로운 꽃봉오리를 열어 주소서!

제27편 시에서는 아루나찰라를 연꽃을 꽃피우는 태양으로 비유했다. 여기에서는 백합의 꽃봉오리를 피우는 달로 비유하고 있다. 신은 타오르는 격정으로 바싹 말라 버린 마음을 서늘하게 식혀 주는 은총의 달이다. 백합의 가슴을 열어서 신성한 희열의 감로로 넘쳐흐르게 할 수 있는 분은 바로 신이다.

30

sīrai yazhittunir vāṇamāch cheydaruḷ

sīrai yaḷittaru ḷaruṇāchalā

오, 아루나찰라여!

제 옷을 찢어 버리소서. 저를 벌거벗기시고

은총의 옷을 입혀 주소서!

영혼의 참본성은 영혼을 감싼 옷 때문에 가려져 있다. 무지로 만들어진 다섯 개의 덮개(kosa)가 영혼을 감싸고 있다. 즉 안나마야(annamaya, 육신), 프라나마야(Pranamaya, 생명의 공기), 마노마야(manomaya, 마음), 비갸나마야(vijnanamaya, 지성) 그리고 아난다마야(anandamaya, 희열)가 영혼을 감싸고 있는 것이다. 영혼은 자기 자신을 이런 것들과 동일시하면서 순수한 참나인 참본성을 완전히 망각하고 피상적인 경험에 의지하여 삶을 영위해 간다. 이런 것들은 버려져야 하고, 영혼은 원래 상태로 회복되어야 한다. 헌신자의 영혼은 입고 있는 옷을 벗기고 은총의 옷을 달라며 아루나찰라에게 기도한다.

31

sugakkaḍal pongach cholluṇar vaḍangach

chummā porundiḍan garuṇāchalā

오, 아루나찰라여!

(제 가슴속) 거기에 쉬시면서 침묵하시어

행복의 바다가 물결치고 말과 생각이 그치게 하소서!

헌신자는 신에게 자신의 가슴속에 거주해 달라고 간청한다. 신은 아무 일도 하지 않고 조용하게 거기에 머물지 모른다. 그러나 신의 현존만으로도 영혼은 행복으로 가득 찰 것이다. 기쁨이 밀려들 것이며, 모든 말과 생각은 멈출 것이다.

『타이티리야 우파니샤드*Taittiriya Upanishad*』는 브라만을 묘사하면서, 그의 몸은 우주이고, 그의 본성은 진리이며, 그의 기쁨은 삶이고, 그의 마음은 희열이며, 그는 평화로 가득하고 영원하다고 했다. 또한 말과 마음은 브라만에 도달할 수 없기에 다시 돌아가며, 브라만의 희열을 아는 자는 항상 두려워하지 않는다고 기술되어 있다.

32

sūdusey dennaich chōdiyā diniyun
jōthi yurukkāṭ ṭaruṇāchalā

오, 아루나찰라여!
더 이상 저를 속이거나 시험하지 마시고,
당신의 빛나는 모습을 보여 주소서.

신은 환영의 힘인 마야를 지배한다. 영혼은 이 힘

의 지배를 받을 때 윤회의 영역으로 들어간다. 『바가바드 기타』는 다음과 같이 말한다.

"신은 모든 존재의 가슴속에 머물면서, 그들 모두를 마치 기계 위에 올려놓은 듯 마야의 힘으로 선회시킨다. 온 가슴을 다하여 오로지 신에게서만 피난처를 구하라. 그러면 그대는 신의 은총으로 지고의 평화와 영원한 거처를 얻을 것이다."(18장, 61-62절)

따라서 마야에 현혹된 영혼은 오직 신의 은총에 의해서만 구원받을 수 있다. 신의 은총을 열망하는 헌신자의 영혼은 신에게 빛나는 모습을 드러내 달라고 호소하는데, 그 모습이란 신이 브라마와 비슈누에게 보여 주었지만 그들조차도 그 치수를 재거나 깊이를 헤아릴 수 없었던 모습이다. 천상의 존재들도 성공하지 못했는데, 어떻게 가련한 지상의 영혼이 시험을 통과하는 데 성공할 수 있겠는가? 그러므로 신이 영혼을 시험하여 영혼의 부족함을 알아내지 못하게 하라. 신의 의무는 단순하고 명백하다. 그는 스스로 발하는 참빛으로 헌신자의 영혼 앞에 나타남으로써 그 영혼을 구원해야만 한다.

33

seppaḍi viddaikaṭr rippaḍi mayakkuviṭ
ṭuruppaḍu viddaikāṭ ṭaruṇāchalā

오, 아루나찰라여!
제가 마술을 배워 세상 사람을 속이지 않도록
완전함에 이르는 참지식을 알려 주소서.

마야의 힘은 놀라운 것이다. 마야는 실제로는 불가능한 것을 가능한 것처럼 만든다. 그래서 마야는 마술에 비유된다. 이 광대무변한 우주적 마술 안에서, 영리한 사람들은 그보다 작은 마술들을 수없이 많이 부리고 있다. 그는 타인은 물론 자기 자신까지 속인다. 그는 다원성의 세계를 실재로 믿고서 그 세계를 교묘히 조작하며, 자신에게 기적을 일으킬 힘이 있다고 생각한다. 또한 과학의 기적과 경험적인 삶에도 만족하지 못하여 초자연적인 힘(siddhis)을 추구하기도 한다. 그러나 그 모든 방법은 영혼을 목적지로부터 멀어지게 하고 더욱더 미혹에 빠지게 할 뿐이며, 그런 방법들을 통해서는 어떤 지속적인 행복도 얻을 수 없다.

그래서 헌신자는 이 시에서 자신을 완전하게 해 줄 참지식을 달라고 아루나찰라에게 요청한다. 지고의 참나를 실현할 수 있는 수단인 이 지식은 고차원적인 지식(paravidya)이다.

34

sērā yeninmey nīrā yurugikkaṇ

ṇīrāṭr razhīvē naruṇāchalā

오, 아루나찰라여! 당신이 지금 저와 하나 되지
않으신다면, 제 몸은 녹아 없어질 것이고,
제 눈은 한없는 눈물을 흘릴 것이며,
또한 저는 죽어 없어질 것입니다.

아루나찰라를 자신의 신으로 선택한 헌신자의 영혼은 그를 열망한다. 만일 신이 아무런 응답을 하지 않는다면, 삶은 그 영혼에게 무미건조해지고 살만한 가치가 없을 것이다. 세상 사람들은 부와 명예 같은 가치 없는 것을 위해서라면 죽음까지 각오한다. 그러나 누가 신을 위하여 죽겠는가? 신에 대한 헌신자의 사랑은 세상의 것들에 대한 속인의 사랑보다 더 강하다. 그래서 영혼이 신과 하나가 되든지 아니면 죽어 없어져야 한다고 느끼는 것은 당연하다. 몸이 영적인 열망과 진보의 장소로서 구실하지 못한다면 무슨 소용이 있겠는가? 영원히 불행하게 사느니 차라리 죽는 편이 더 나을 것이다. 헌신자의 영혼은 간절히 호소함에도 불구하고 신의 반응이 더딘 까닭에 비참해진 자신의 마음을 표현하고 있으며, 신이 제때에 와서 자신을 구원해 주지 않는다면 비통함으로 쇠약해져서 결국 죽고야 말 것이라고 부르짖고 있다.

35

chaiyenat taḻḻir seyvinai suḍumalā
luyvagai yēdurai yaruṇāchalā

오, 아루나찰라여! 당신이 저를 멸시하며 거부하신다면,
저의 프라랍다가 저를 태워 버릴 것입니다. 그러면
제가 어찌 구원받을 수 있겠습니까? 말씀해 주소서.

자신을 구원해 달라는 헌신자의 간절한 호소를 신이 어떻게 거부할 수 있겠는가? 만일 신이 거부한다면, 그 영혼에게 어떤 일이 일어날 것인가? 양자택일은 생각하기조차 두렵다. 영혼에게는 어떤 식으로든 파멸이 찾아 올 것이다. 외부의 원인 때문에 파멸이 일어나는 것은 아니다. 영혼의 프라랍다(prarabdha)가

영혼을 괴롭힐 것이다. 프라랍다 카르마는 과거의 행위들 가운데 소진되지 않은 카르마로서 현생의 원인이 된 카르마를 말한다. 만약 자비로운 신이 영혼을 구원하러 오지 않는다면, 영혼은 프라랍다의 힘 아래에 있지 않겠는가? 그러나 프라랍다가 신의 은총의 흐름을 상쇄할 수 있는가? 마르칸데야(Markandeya)의 경우, 신은 죽음 자체를 물리쳤고, 그리하여 이른바 바꿀 수 없는 운명까지도 바꾸지 않았던가? 신에게 불가능한 것은 아무것도 없다. 신은 어떤 변명의 여지도 없다. 신이 영혼을 구하지 않는다면, 누가 그 영혼을 구할 것인가?

36

sollādu solinī sollara nillenru

chummā virundā yaruṇāchalā

오, 아루나찰라여!

말하지 않고 말씀하시며, 말없이 머무시며

당신은 침묵을 지키며 서 계셨습니다.

앞의 시에서 헌신자의 영혼은 "제가 어찌 구원받을 수 있겠습니까? 말씀해 주소서."라며 신에게 간청했다. 여기에서 대답은 헌신자에게 침묵 속에서 주어진다. 헌신자는 이 시에서 이것을 표현하고 있다.

언어가 아닌 침묵이 구원의 방편이다. 어느 단계까지는 언어와 생각이 필요하지만, 그 너머에서는 아무 쓸모가 없다. 지고의 실재는 언어와 사고의 영역을 초월해 있다. 어떤 말이나 개념도 그 실재를 충분히 표현할 수 없다. 그러므로 실재에 대한 참된 가르침은 침묵에 있다. 닥쉬나무르티로 나타난 신은 제자들과 의사소통을 하는 양식으로서 침묵을 택한다. 마우노파데사(Maunopadesa)는 바가반 라마나의 가르침의 독특한 방법이었다. 구루(guru)는 제자(sishya)에게 침묵을 지키라고 간곡히 권하지만, 사실

큰 효과는 기대할 수 없다. 침묵의 메시지는 말로써는 효과적으로 전달될 수 없다. 그 때문에 구루는 말없이 말한다. 즉 그는 침묵의 효능을 본보기를 통해 보여 주는 것이다. 그의 침묵은 더없는 웅변이다. 그는 침묵을 지킨다. 단지 입을 열지 않는다는 뜻이 아니라, 그보다 더 깊은 의미의 침묵을 지키며 모든 점에서 이원성을 초월한다. 이원성이 있을 때는 말이 있을 것이다. 입 밖으로 나오지는 않아도 머리에서는 말이 일어날 것이다. 최상의 가르침은 이원성이 없다는 것이다. 그것이야말로 진정한 침묵이다.

37

sōmbiyāich chummā sugamuṇ ḍurangiḍir

solvē rengati yaruṇāchalā

오, 아루나찰라여! 저는 아무것도 하지 않고

침묵을 지키며 행복과 잠을 즐기고 있습니다.

이 길 말고 다른 길이 또 있습니까? 말씀해 주소서.

신은 완전함에 이르는 길을 직접 보여 주었다. 그것은 이원성이라는 관념이 없는 침묵이다. 이원성이 있는 곳에는 마음의 불안이 있고 고통이 있다. 깨어 있는 상태와 꿈꾸는 상태에서는 이원성이 있으며, 즐거워할 때조차도 고통을 겪는다. 깊은 수면 상태에서는 이원성이 없으므로 고통이 없다. 잠을 자면서 순수한 행복을 체험한다는 것은 잠에서 깨어난 사람이 "기분 좋게 잘 잤다. 아무 일도 몰랐어."라고 말하는 사실로 증명이 된다. 그러나 잠든 상태가 이상적이라는 뜻은 아니다. 게으름이나 잠은 참나의 본래 특성이 아니다. 잠은 삭샤트카라(sakshatkara)가 아니다. 잠을 자는 상태에서는 이원성이나 불행이 없다는 것은 진실이다. 그러나 이 상태에서도 모든 불행의 근원인 무지는 여전히 있다. 참나의 세 가지 경험적인 상태인 깨어 있음, 꿈, 잠과 구별하기 위해 참나의 진정한 초월 상태를 투리야(turiya, 넷째)라고 부른다. 그러나 투리야는 세 가지 상태에 추가되거나 이어지는 넷째 상태가 아니다. 그것은 참나의 영원하고 기본적인 본성을 가리킨다. 가우다파다(Gaudapada)는 투리야를 설명하면서 다음과 같이 선언하고 있다. "투리야에서는 무지의 흔적조차 없다. 그것은 어떤 모자람도 없는 지성의 빛이다. 거기에서는 꿈도 없고 무지도 없다. 그것은 비이원적이며 스스로 빛을 발하는 실재인 순수 의식이다."

투리야는 지고의 목표이다. 그것은 깨어 있는 잠(jagrat-sushupti)이나 잠 없는 잠(tungamal tunguvadu)으로 묘사된다. 바가반 라마나는 이 시에서 투리야를 실현하는 것이 헌신자의 영혼의 목표이어야 한다고 가르친다.

이 시에는 다음과 같은 뜻도 있다. "만약 제가 잠에 빠져 무지의 희열을 즐기며 시간을 보낸다면, 어떻게 해야 저를 구원할 수 있을까요?"

38

sowriyaṅ kāṭṭinai sazhakkaṭra dendrē

saliyā dirundā yaruṇāchalā

오, 아루나찰라여! 당신은 뛰어난 능력을
보여 주셨습니다. 무지가 파괴되고 보니, 당신은
아무 움직임도 없이 늘 그대로 계셨습니다.

아루나찰라의 뛰어난 능력은 스스로 빛나는 참지식의 태양이라는 본성 안에 있다. 아루나찰라의 현존 안에서는 무지의 어둠이 있을 수 없다. 아루나찰라가 우리의 가슴속에서 일어날 때, 거기에 있던 무지는 사라진다. 우리가 태양을 향하거나 외면할 뿐이며 사실 태양은 뜨거나 지지 않듯이, 지고의 영에게는 아무런 움직임도 없다. 우리는 그분이 우리를 떠나거나 우리에게 온다고 상상한다. 그러나 그분이 절대로 움직이지 않는 빛의 산 아루나찰라임을 깨달을 때, 우리는 눈을 멀게 하는 어둠의 미혹을 없앨 수 있다.

39

jnamalīyir kēḍā nānen nurudiyā

nāḍinin nuruvē naruṇāchalā

오, 아루나찰라여! 개보다도 못한 제가

무슨 힘으로 당신에게 다가가며

당신에게 이를 수 있겠습니까?

헌신자의 영혼은 자신의 신인 아루나찰라의 영광스런 현존에서 자신이 왜소하며 무력함을 깨닫는다. 영혼은 자신이 개만도 못하다면서 자기 자신을 비난한다. 성소에 들어갈 수 있는 권리가 어찌 개에게 있겠는가? 영혼이 어찌 자신의 노력으로 신의 발치에 도달할 수 있겠는가? 심지어 그분의 발을 숭배하는 것조차도 그분의 은총이 필요하다.

영혼이 할 수 있고 당연히 해야 하는 것은 오직 신의 보살핌에 자신을 맡기는 것뿐이다. 신은 영혼에게 "너는 자격이 없다. 저리 가거라!"라고 말하면서 도피할 수 없다. 영혼에게 자격을 부여하고 받아들이는 것은 신의 의무이다.

이 시의 또 다른 의미는 다음과 같다.

오, 아루나찰라여, 제가 개보다 못하나요?
저는 끊임없이 노력하여
당신을 찾고 당신에게 이르겠습니다.

마치 주인과 헤어진 개가 불굴의 노력으로 냄새를 맡아 가며 주인을 찾아가듯이, 헌신자의 영혼 또한 신과 하나가 될 때까지 쉬지 않을 것이다. "나는 누구인가?"라는 탐구는 영혼이 목적지에 도달하는 방편일 것이다.

40

jnānamil lādun nāśaiyāt ṭraḷarvara

jnānam terittaru ḷaruṇāchalā

오, 아루나찰라여! 참지식 없이

당신을 사랑하여 생기는 피로가 사라지도록

저에게 참지식을 주소서.

신에 대한 사랑은 좋다. 하지만 참지식 없이 사랑하는 영혼은 결국 피로해질 것이다. 신의 본성을 오해하면서도 신에 대한 사랑을 시작할 수는 있을 것이다. 그러나 신에 대한 참지식이 없이는 목표를 이룰 수 없을 것이다. 영혼을 구속하는 것은 무지의 어둠이므로 이러한 구속을 없애 주는 것은 오직 참지식의 빛뿐이다. 신이 멀리 떨어져 있다고 혹은 신이 우리의 참나가 아니라고 상상하는 것은 신의 본질을 이해하지 못하는 것이다. 우리를 자유롭게 해 주는 참지식을 얻을 때 우리는 비이원적인 영을 깨닫게 된다. 『판차다시*Panchadasi*』에 있는 비유는 무지하면 왜 피곤해지는지를 설명해 준다. 두 명의 여행자가 목적지에 거의 다 이르렀다. 그 중 한 명은 목적지가 가깝다는 것을 알고 있으나 다른 한 명은 그 사실을 모른다. 전자는 행복하나 후자는 우울하다. 이와 같이 무지는 피곤하게 한다. 아루나찰라는 바로 우리의 참나이다. 이 진실을 깨달으면 괴로움에서 벗어날 수 있다. 이 시에서 헌신자의 영혼은 신성한 참지식을 달라고 신께 간청하고 있다.

슈리 크리슈나는 아르주나에게 '신성한 눈'을 주어 신의 참형상으로 된 모든 형상을 볼 수 있게 해 주었다. 슈리 크리슈나는 헌신자들이 자신에게 도달할 수 있도록 그들에게 참지식의 길을 밝혀 준다고 말한다. "그들에 대한 자비로, 그들의 가슴속에 머물고 있는 나는 빛나는 지혜의 램프로써 무지에서 생겨난 어둠을 몰아내노라."

41

jnimirupō nīyu malarndilai yendrē

nērnin dranaiyen naruṇāchalā

오, 지혜의 태양 아루나찰라여!

(저를 열고 들어오지 않으시고)

벌처럼 제 앞에만 계시며

"너는 아직 피지 않았구나."라고

말씀하시니, 어찌 이러실 수 있습니까?

아침 해가 떠오를 때 연꽃은 피어난다. 벌은 꿀을 마시기 위해 그 속으로 들어간다. 만약 연꽃이 꽃봉오리를 열지 않는다면 벌은 들어가지 못하고 그 주위를 맴돌 것이다. 아루나찰라는 벌처럼 무기력하지 않다. 아루나찰라는 헌신자의 가슴 연꽃을 꽃피울 힘이 있는 지혜의 태양이다. 헌신자의 영혼은 가슴이 열리지 않았기 때문이라는 신의 변명을 인정하지 않겠다고 말한다. 신의 능력은 헌신자의 가슴을 성숙시킬 수 있다. 신은 태양인데 어찌 벌처럼 행동할 수 있겠는가?

42

tattuvan teriyā dattanai yuṭrāi
tattuva miduven naruṇāchalā

오, 아루나찰라여! 당신은 이렇게 말씀하십니다.
"진리를 모르고, ('네가 그것이다.' 라는 가르침을
듣지 않고도) 너는 진리에 이르렀다. 이것이 진리다."

이 시에서 헌신자의 영혼은 정식으로 경전을 배우지 못한 자신에게 진리를 깨닫게 해 준 신의 은총을 찬양하고 있다. 마하바키야(mahavakya)에서 "네가 그것이다."(tat tvam asi)라고 가르친 진리, 곧 '다름 없음'이라는 진리는 영혼에게 선물로 주어졌다. 그리고 영혼은 이를 세상에 공포해 달라고 신께 직접 요청한다.

비이원성의 체험인 아드바이타누바바(advaitanubhava)는 신의 은총 없이는 찾아올 수 없다. 아드바이타를 맛보는 것조차도 신의 은총이 있어야만 가능하다. 헌신자의 영혼은 신의 깊은 사랑 때문에 진리에 대한 통찰력을 얻게 되었다는 사실을 알고서 기뻐한다.

이 시의 첫 행은 다음과 같이 표현될 수도 있다. "너는 원리(tattvas)의 힘이 미치지 않는 곳에 계신 신에게 도달했다."

43

tānē tānē tattuva midanait
tānē kāṭṭuvā yaruṇāchalā

오, 아루나찰라여!
당신이 곧 모든 것의 참나라는
이 진리를 스스로 보여 주소서.

신은 자신의 진정한 본성을 모든 것의 참나로서 드러낸다. 참나는 근원적인 실재이며, 참나가 곧 신이다. 신을 이런저런 형상을 가진 유한한 존재로 믿으면 궁극적인 진리에 이르지 못한다. 신의 참형상을 이해할 수 없는 사람들은 그렇게 믿는다. 『바가바드 기타』 제10장에서, 크리슈나는 아르주나를 위하여 각 종(種)의 존재 가운데 최고의 존재에 신의 광채(vibhuti)가 다양하게 나타나 있음을 열거하고 나서, 자신이 모든 존재의 가슴에 자리 잡은 참나임을 분명하게 밝히고 있다. 그 뒤에 그는 자신의 참형상(visvarupa)을 드러낸다.

『판차다시』는 일상의 경험적인 관습을 분석해 보아도 참나가 근원적인 실재임을 이해할 수 있다고 말한다. 예를 들어, 우리는 다음과 같이 말한다. "데바다타 그 자신이 직접 간다." "당신 자신이 직접 본다." "나 자신은 잘 지내지 못한다." 여기에서 자신(svatva)은 공통적이고 변함이 없지만, 사람들 즉 1, 2, 3인칭은 변화한다. 이 변함없고 항구적인 참나가 바로 신이다.

44

tirumbi yahandanait dinamaha kaṇkāṇ

teriyumen dranaiyen naruṇāchalā

오, 아루나찰라여! 당신은 이렇게 가르치셨습니다.

"자아를 내면으로 향하게 하고

내면의 눈으로 끊임없이 보라. 그러면 보게 될 것이다."

지금까지는 궁극의 진리가 무엇인지에 대해 얘기했다면, 여기에서는 진리를 실현하는 방법을 가르치고 있다. 이 가르침 역시 신으로부터 나온다. 실현 방법은 참나 탐구를 통해서이다. 우리는 자아가 평소 감각 기관이라는 통로를 통해 향하는 외부 대상으로부터 돌아서서 내면으로 주의를 돌려야 한다. 심리학에서 말하는 내향과는 의미가 조금 다르며, 마음을 자기 빛의 근원인 참나를 향하도록 돌리는 것을 의미한다. 이것이 진정한 내면 지향이다. 이러한 태도 혹은 내면 지향이 꾸준히 계속되면 진리가 드러난다. 그 진리란 참나가 곧 신이며, 유일한 실재이며, 스스로 빛나는 순수 의식이라는 것이다.

45

tīrami lahattil tēḍiyun tanaiyān
tirumbavuṭr rēnaru ḷaruṇāchalā

오, 아루나찰라여! 무한한 가슴속에서
당신을 애쓰며 찾다가 드디어 은총으로
당신을 되찾았습니다. 당신의 은총을 찬양합니다!

이제 신은 자신이 모든 존재의 가슴속에 거주하고 있는 참나이며 신에게 도달하는 방법은 참나 탐구임을 가르쳤다. 여기에서 헌신자의 영혼은 가르침을 받은 대로 신을 탐구하다가 마침내 신을 찾았다고 선언한다. 그 탐구는 내면으로의 탐구이다. 신이 거주하고 있는 가슴은 육체적인 가슴이 아니라 영적인 가슴이며 무한한 가슴 에테르(daharakasa)이다. 신을 깨닫는 곳은 바로 여기이다. 신은 항상 거기에 있지만, 영혼은 무지 때문에 신의 현존을 알지 못한다. 내적 탐구를 통해 무지가 파괴될 때, 영혼은 그분이 자신의 내면 가장 깊은 곳에 자리 잡은 참나임을 깨닫는다. 이것은 실상 한 번도 잃은 적이 없는 것을 다시 되찾는 것이며, 영원한 진리를 발견하는 것이다.

티라밀(tiramil, 무한한)이라는 표현을 디라밀(dhiramil, 용기나 힘이 없는)로 해석한다면, 이 시의 의미는 다음과 같을 것이다. "저는 가슴속에 계신 당신을 찾으려 애썼지만 힘이 없어 찾을 수 없었습니다. 그리하여 이제 당신에게 의지합니다. 제발 저에게 은총을 베풀어 주소서."

46

tuppari villā vippirap penpaya

noppiḍa vāyē naruṇāchalā

오, 아루나찰라여! 탐구로써 참지식을 얻지 못한다면

이 태어남이 무슨 소용이겠습니까?

또 이런 삶을 그 무엇과 비교하겠습니까?

인간으로 태어나는 것은 희귀한 일이다. 살아 있는 모든 존재 중에서도 인간은 특권적인 위치에 있다. 『비베카츄다마니*Vivekacudamani*』에서 상카라는 "살아 있는 존재 가운데 인간으로 태어나기는 어렵다."(Jantunam nara janma durlabham)라고 말한다. 인간으로 태어나는 것은 심지어 신적인 존재들의 신분보다도 훨씬 더 귀중하다. 왜냐하면 신적인 존재들은 과거의 공덕 때문에 천상의 즐거움을 누릴 수 있지만, 새로운 공덕을 쌓거나 완전에 도달하기 위해 노력하려면 다시 인간으로 태어나야 하기 때문이다.

인간은 진리를 식별하거나 탐구하는 능력을 특별히 부여받았다. 그리고 탐구는 완성(moksha)에 이르는 직접적인 방법이므로, 인간으로 태어나는 것은 가장 소중하다. 인간으로 태어난 존재는 참된 해방과 상관없는 것을 추구하며 시간과 에너지를 낭비해서는 안 된다. 『케나 우파니샤드*Kena Upanishad*』는 말한다. "여기에서 아는 자에게는 진리가 있을 것이요, 여기에서 모르는 자에게는 큰 파멸이 있을 것이다." 또 말한다. "이 몸 안에 있는 동안 참지식을 얻어야 한다. 그러지 않는다면, 몸을 떠날 때 브라만은 진실로 심히 멀어질 것이다."

인간으로 태어났으면서도 참나를 알려고 노력하지 않는 것은 크나큰 비극이다. 소중한 인간의 삶을 쓸데없는 일에 소비하는 것은 "마치 에메랄드 그릇 속에 깻묵을 넣고 백단향을 때며 끓이는 것과 같고, 황금 보습으로 쟁기질한 밭에 잡초를 키우는 것과 같으며, 장뇌를 거름으로 사용하여 옥수수를 재배하는 것과 같다." 동물적인 부분에서는 인간이나 짐승이나 차이가 없다. 짐승도 인간처럼 먹고 자고 번식한다. 인간이 짐승과 다른 점은 오직 진리를 알 수 있다는 것뿐이다. 만약 인간이 이 특별한 재능을 이용하여 혜택을 보지 못한다면, 인간의 조건은 동물의 조건보다 더 비참해진다. 그러므로 바가반은 이 시에서 그런 무익한 삶은 그 무엇과도 비교할 수 없다고 말한다. 말하자면, 심지어 개의 삶과도 비교할 수 없는 것이다.

오피다 바옌(Oppida vayen)이라는 구절은 다음과 같이 해석할 수도 있다.

(1) 오, 아루나찰라여, 저는 아직 자아를 당신에게 위임하는(복종하는) 법을 배우지 못하였습니다. (2) 저는 아직 참나 탐구를 소홀히 하는 결함을 없애거나 제 과거의 태만을 보충하려고 노력하지 않았습니다.

47

tūymana mozhiyar tōyumun meyyahan

tōyavē yarulen naruṇāchalā

오, 아루나찰라여! 마음과 말이 순수한 자들이 가라앉는

당신의 진정한 형상 속으로

저 역시 가라앉도록 은총을 베풀어 주소서.

마음과 말과 몸이 순수하지 않은 사람들은 신과 합일할 수 없다. 신의 세계로 들어가려는 사람에게는 순수한 가슴이 필수적이다. 우리는 선한 행위의 길, 헌신적인 섬김의 길(karma yoga)을 통하여 마음과 가슴을 정화시켜야 한다. 마음을 불순하게 만드는 것은 욕망 혹은 열망이다. 불활성(tamas)과 강한 활동성(rajas) 때문에 마음은 참나를 반영하지 못한다. 그러므로 구도자는 마음을 이러한 결함으로부터 해방시켜, 마음이 사심 없고 집착 없이 작용하도록 해야 한다. 다른 말로 하면, 모든 이기적인 동기들을

없애고 사트바(sattva)가 마음의 주요 성질이 되도록 해야 한다. 신에게 헌신할 때도 욕심을 버려야 한다. 행위의 결과뿐 아니라 행위까지도 신에게 바쳐야 한다. 『바가바드 기타』가 말하듯이, “자기에게 주어진 일을 통하여 신을 숭배함으로써 완성에 이른다.”

성자들은 자아를 신성 속에 가라앉히는 자들이다. 즉 그들은 산타스(santas, 성스러운 자)이고, 나얀마르스(nayanmars, 영적 지도자)이며, 알와르스(alwars, 신의 사랑에 몰입된 자)이다. 이 시에서 헌신자의 영혼은 성자들을 본받음으로써 자신도 신 속에 깊이 잠기도록 은총을 베풀어 달라고 아루나찰라에게 기도한다.

투이마나 모지야르(tuymana mozhiyar)라는 말은 ‘마음을 정화시킴으로써 무심의 상태에 이른 사람들’을 의미할 수도 있다.

48

deivamen ḍrunnaich chāravē yennaich

chēra vozhittā yaruṇāchalā

오, 아루나찰라여! 제가 저의 신인

당신에게 피난처를 구하자,

당신은 저를 완전히 소멸시켰습니다.

헌신자의 영혼이 신에게 다가갈 때 그는 신을 타자(the Other)라고 여긴다. 그러나 헌신이 성숙될수록 영혼과 신 사이의 거리는 점차 줄어든다. 그러다가 영혼이 완전히 신에게 복종할 때, 영혼은 '다름 없음' 이라는 영원한 상태를 발견한다. 따라서 헌신의 경우에도 그 목표는 아드바이타를 체험하는 것이다. 자아가 남김없이 파괴될 때 비로소 헌신은 완성된다. 신 속에서 자기를 잃을 때 가장 참된 참나에 도달할 수 있다. 헌신자의 영혼이 자기 자신을 신에게 바치면, 자아의 완전한 소멸을 대가로 받는다. 아루나찰라는 유한하며 분열을 일으키는 것들을 모두 파괴하는 하라(Hara)이다.

49

tēḍā duṭranal tiruvaruḷ nidhiyahat

tiyakkan tīrttaru ḷaruṇāchalā

오, 아루나찰라여! 당신은 구하지 않았음에도
제게로 온 은총의 보물이십니다.
마음의 미혹으로 이루어진 내면의 빈곤을 없애 주소서.

특별히 노력하지 않았음에도 아루나찰라의 은총을 체험한 바가반 자신의 경험이 여기에 언급되어 있다. 어린 시절 바가반은 친척 어른에게서 아루나찰라의 이름만 듣고도 깊이 매료되었다. 그 후 열일곱 살 때 티루반나말라이에 도착한 뒤로는 그곳을 떠나고 싶다는 마음을 한 번도 느끼지 못했다. 아루나찰라는 그에게 전부였다. 그는 아루나찰라와 다르지 않았다.

이 시에서 바가반은 헌신자의 영혼으로 하여금 신의 무한한 은총, 즉 영혼을 불가항력적으로 신에게로 끌어 당겼던 그분의 무한한 은총을 떠올리게 한다. 신은 진정한 부(富)이다. 이 부만이 영혼의 내적 빈곤을 없앨 수 있다. 물질적인 부는 우리의 고통을 증가시킬 수 있을 뿐이다. 그것은 우리에게 평화를 줄 수 없다. 그런 까닭에 상카라는 우리로 하여금 부를 악으로 간주하라고 당부한다(artham anartham bhavaya nityam). 헌신자에게 최고의 유일한 가치는 신의 은총이다. 신의 은총을 받은 영혼은 다른 것을 열망하지 않는다.

이 시의 둘째 행은 "제 마음의 초조한 방황을 치유하소서!"라는 뜻으로 해석될 수도 있다.

50

dairiya mōḍumun meyyaha nāḍayān

taṭṭazhin dēnaru ḷaruṇāchalā

오, 아루나찰라여! 저는 용감하게 당신의 실재를 알고자 하였습니다. 그러나 아아, 저는 그러는 사이 부서지고 말았습니다. 저에게 당신의 은총을 베푸소서.

신의 은총 없이는 신을 참되게 알 수 없다. 헌신자의 영혼이 아무리 노력하여도 신의 본성을 발견할 수 없을 것이다. 신이 스스로 자신을 드러내야 한다. 만약 우리가 안내도 없이 미답의 바다를 항해한다면 틀림없이 난파당하고 말 것이다. 그래서 헌신자는 자신의 초기 실수를 깨닫고 신에게 도움을 요청한다.

소금으로 이루어진 개가 바다의 깊이를 잴 수 있다고 뽐내며 의기양양하게 바다 속으로 걸어 들어갔다. 그러나 개는 자기를 잃고 바다와 하나가 되었다. 자아는 신을 잴 수 없다. 그러한 노력을 아무리 기울여도 결국은 자아의 용해로 끝날 것이다. 그 전에는 신을 이해할 수 없다.

51

toṭṭaruṭ kaimey kaṭṭiḍā yeniliyā
naṭṭamā vēnaru ḷaruṇāchalā

오, 아루나찰라여! 당신이 은총의 손길로
저를 만지고 껴안아 주지 않으신다면, 저는 길을
잃을 것입니다. 저에게 당신의 은총을 베풀어 주소서.

스승이 제자를 입문시키는 방법 중 하나는 접촉(sparsadiksha)을 통해서이다. 이 시에서 헌신자의 영혼은 이런 방식으로 자신을 입문시켜 달라고 청하고 있다. 신이 손으로 만지는 것은 은총의 손길이다. 이것은 '다름 없음' 이라는 궁극의 경험으로 가는 과정의 시작이다. 결혼 신비주의는 이것을 '포옹' 이라고 표현한다.

신을 향한 헌신자의 갈망은 너무도 강렬하여, 만약 신이 응답하지 않으면 자신이 멸망할 것이라고 확신한다. 영혼은 자기를 모른 체하거나 무시하지 말아 달라고 신에게 간청한다. 만약 신이 구원하러 오지 않는다면, 영혼은 누구에게 의지할 수 있겠는가?

52

tōḍamil nīyahat tōḍonri yendrunsan

dōḍamon driḍavaru ḷaruṇāchalā

오, 아루나찰라여! 더럽혀지지 않는 당신이시여!

당신과 하나 되어 늘 행복하도록

저에게 은총을 베풀어 주소서.

신은 유일하게 더럽혀지지 않은 실재이다. 무지와 자아, 그것들이 낳은 자식들이 원인이 되어 더럽혀진다. 신은 이러한 것들로부터 영향을 받지 않는다. 파탄잘리는 『요가 수트라*Yoga Sutra*』에서 신은 장애물이나 행위나 그 결과나 혹은 보이지 않는 침전물에 영향을 받지 않는다고 말한다. 『우파니샤드』는 하늘에서 볼 수 있는 오염 물질이 에테르에 속하지 않는 것과 마찬가지로, 이 세상의 불순물들은 그 근원에 영향을 미치지 않는다고 말한다. 신은 영원히 순수하며, 깨어 있고, 자유롭다(nitya-suddha-buddhamukta-svabhava). 따라서 헌신자의 영혼은 여기에서 신을 '더럽혀지지 않는' 존재라고 부른다. 늘 순수한 신만이 은총을 내려 영혼을 구할 수 있다. 은총을 베풀면 어떤 결과가 오는가? 신과 하나가 될 수 있다. 이것은 헌신자의 영혼에게 진정한 행복이다. 이것을 진정한 행복이라고 하는데, 왜냐하면 불행이 섞이지 않았으며 영원하기 때문이다. 그것은 영원하며 비할 수 없는 행복이다(nitya niratishaya ananda). 결혼 신비주의가 추구하는 목표는 이 행복을 실현하는 것이다.

53

nagaikkiḍa milainiṇ nāḍiya venaiyaruḷ

nagaiyiṭṭup pārnī yaruṇāchalā

오, 아루나찰라여! 저를 비웃지 마소서.

저는 당신을 찾아왔습니다.

은총의 장신구로 저를 치장해 주소서.

신은 얼굴이 못생기고 치장을 하지 않았으며 자격이 없다는 등의 이유로 영혼을 거절하지는 않는다. 세속적인 구혼자는 신부가 아름답게 꾸미기를 바랄 것이다. 신랑의 어머니는 돈을, 신랑의 아버지는 고상한 품행을, 신랑은 빼어난 미모를 원할지 모른다. 그러나 신은 그러한 것들을 중요하게 여기지 않는다. 신에게는 부모가 없다. 그는 스스로 존재하는 지고의 신이다. 헌신자의 영혼이 치장을 하지 않았다면, 그것은 누구의 책임인가? 누가 영혼을 꾸며야 하며, 장신구는 무엇인가? 영혼을 가장 가치 있는 장신구 즉 신의 은총으로 치장해야 하는 것은 바로 신이다. 은총이 영혼을 감쌀 때, 영혼은 가장 아름다운 미인이 될 것이며 신이 받아들이기에 적합한 신부가 될 것이다. 신이 은총의 눈으로 영혼을 보게 하라. 그러면 신은 영혼에게서 어떤 흠도 찾아내지 못할 것이다. 신이 할 일은 영혼의 연인이 되는 것뿐이다. 일단 영혼이 신의 사랑을 받는 대상이 되면, 영혼의 모든 결점들은 사라질 것이다.

54

nāṇilai nāḍiḍa nānā yondrinī

tāṇuvā ninḍranai yaruṇāchalā

오, 아루나찰라여! 당신과 하나가 되기 위하여

당신을 찾았을 때,

당신은 부끄러움도 없이 기둥처럼 서 계셨습니다.

결혼 신비주의의 언어를 빌리면, 이것은 사랑의 말다툼이다. 영혼은 신이 자기의 간청을 들어주지 않는다고 신을 원망한다. 영혼은 타고난 부끄러움도 잊은 채, 신에게 다가가 자신을 받아 달라고 요구한다. 그러나 영혼은 아무 대답도 듣지 못한다. 신은 꿈쩍도 하지 않은 채 기둥처럼 서 있을 뿐이다. 그래서 영혼은 신이 마음을 누그러뜨려 응답할 수 있도록 신을 꾸짖고 있는 것이다.

이 시에는 더 깊은 의미가 담겨 있다. 즉 아루나찰라 신은 바로 신을 찾고 있는 영혼 자신인 것이다. 구도자와 구도의 대상 간에는 전혀 차이가 없다. 미혹에 빠진 영혼은 신이 자기와 다른 타자이며 도달해야 할 대상이라고 상상한다. 영혼의 탐구가 그 결실을 맺을 때, 영혼은 신이 늘 내면에 실재했으며 자기 자신이었음을 깨닫는다. 신은 존재하지 않는 곳이 없기 때문에 움직이지 않는(achala) 것이다. 신은 어디에나 편재하며 충만해 있다. 『아타르바 베다 *Atharva Veda*』는 신을 스캄바(Skambha) 즉 받침 기둥이라고 부른다. 푸라나 전설에 의하면, 아루나찰라는 빛의 기둥을 하고 있는 쉬바의 형상인데, 브라마와 비슈누는 각각 그 기둥의 꼭대기와 밑바닥을 찾고자 했지만 찾을 수 없었다고 한다.

55

ninneri yerittenai nīrāk kiḍumun
ninnaruḷ mazhaipozhi yaruṇāchalā

오, 아루나찰라여! 당신의 불이
저를 태워 재로 만들어 버리기 전에,
먼저 당신의 은총을 듬뿍 내려 주소서.

여기에서는 헌신(bhakti)과 참지식(jnana)의 관계를 볼 수 있다. 참지식의 본질은 궁극적 실재인 브라만 혹은 아루나찰라이다. 모든 업(karma)을 그 원인인 무지와 함께 태워 버리는 것은 브라만의 지식이다.

신성한 재는 모든 불순물을 태워 버렸을 때의 결과를 상징한다. 지혜의 태양이 떠오를 때, 무지로 인해 생긴 이기심은 완전히 파괴된다. 참지식의 불길 속에서 재로 변해 버린다.

자아는 불길을 받아들일 준비가 되어 있어야 한다. 은총의 비에 흠뻑 젖어야만 한다. 이 준비 작업을 완성시키는 것은 헌신이다. 신의 은총을 받은 헌신자는 참지식의 길을 밟기가 쉬워진다.

56

nīnā narappuli nidankaḷi mayamā
ninḍriḍu nilaiyaru ḷaruṇāchalā

오, 아루나찰라여! 저를 껴안아 주시어
'저와 당신'의 구별이 사라지게 하시고
저에게 영원한 기쁨의 상태를 주소서.

결혼 신비주의의 극치는 비이원성의 실현이다. 진정한 헌신자는 자기의 개별성이 신의 존재와 대립된 상태로 유지되기를 바라지 않는다. '저와 당신'이 다르다는 의식은 어느 지점까지만 지속될 것이다. 신의 사랑이 무르익으면 '다름'은 흔적도 남지 않는다. 신이 껴안으면 자아는 결국 소멸되어 버린다. 다르다는 느낌이 완전히 극복될 때 비로소 진실하며 영원한 행복이 실현될 수 있다. 자기의 진정한 참나에 머무는 것(svasthya)이 곧 행복이다. 자신의 진정한 참나는 신이기 때문이다. 브라만은 희열이다. 무한한 신만이 행복이다. 다르다는 느낌이 지속되는 한 행복은 있을 수 없다.

57

nuṇṇuru vunaiyān viṇṇuru naṇṇiḍa

veṇṇalai yirumen ḍraruṇāchalā

오, 아루나찰라여! 언제쯤이면 제 생각의 파동들이
멈추어 가슴의 에테르에 있는
당신의 미묘한 존재와 하나가 될 수 있을까요?

지고의 실재가 '나의 나'로서 스스로 빛을 발하는 것은 바로 가슴 중심에서다. 이러한 진리의 깨달음은 신과의 합일로 묘사된다. 이것은 가장 미묘한 진리이며, 마음이 감각 기관을 통하여 밖으로 흘러 나가 산란해지고 흩어지는 한 이 진리는 실현될 수 없다. '마음'은 생각, 감정 등과 같은 기능들의 집합을 이르는 말이다. 이러한 기능들은 격렬하게 움직이므로 파도에 비유된다. 그것들은 매우 빠르게 잇달아 이어지며 분노와 소음을 수반한다. 오직 이것들이 잠잠해질 때에만 가슴의 고요 속에서 비이원성이라는 지고의 진리가 실현된다. "고요하라. 그리고 '나는 신이다.' 임을 알라."

58

nūlari variyāp pēdaiya nenḍran

mālari varuttaru ḷaruṇāchalā

오, 아루나찰라여! 경전에 대한 지식조차 없는
바보 같은 저에게
저의 미혹을 파괴하는 은총을 내려 주소서.

경전에 대한 지식은 진리에 대한 이론적인 이해를 줄 수 있다. 그러나 그것이 곧 해방은 아니다. 우리를 해방시키는 것은 직관적인 통찰력이다. 그리고 이 역시 신의 은총을 통하지 않고서는 얻을 수 없다.

이 시는 경전에 대한 지식이 쓸모없다거나 그 지식을 추구할 필요가 없다는 말을 하는 것이 아니다. 입으로만 외우는 경전 지식으로는 충분하지 않다는 뜻이다. 아주 드물게 바가반 라마나의 경우처럼 정규 공부 과정을 밟지 않고도 참나 깨달음을 얻을 수 있다. 그러나 본질적인 것은 신이 자신의 은총을 헌신자의 영혼에 쏟아 부어야 한다는 것이다. 이 시에서 영혼이 기도하는 것은 이러한 은총을 위해서이다. 무지는 은총을 통해서 파괴된다. 은총은 불변의 비이원적인 실재를 드러내는 최고의 참지식과 같은 것이다.

『바가바드 기타』(10장, 8-10절)에서 슈리 크리슈나는 다음과 같이 말한다. "나는 만물의 근원이다. 나로부터 모든 것이 나온다. 현자들은 이 점을 알고 있기에 내게 열렬히 헌신하며 나를 경배한다. 그들의 마음을 나에게 고정시키며, 자기의 삶을 나에게 바치고, 나에 관해 얘기하면서 서로 일깨우는 사람들은 만족과 기쁨을 얻는다. 늘 나와 결합되어 있으며 사랑으로 나를 경배하는 자들에게 나는 지혜의 요가를 허락한다. 그 요가로 그들은 나에게로 온다."

59

nekkunek kurugiyān pukkiḍa vunaippuha

nakkanā ninḍranai yaruṇāchalā

오, 아루나찰라여! 제가 강렬한 헌신으로 녹아 없어지며

저의 피난처인 당신 안으로 들어갔을 때,

당신은 벌거숭이로 서 계셨습니다!

복종의 목표는 참나 지식의 목표와 같다. 파괴되고 녹아 없어지는 것은 거짓 자기인 자아뿐이다. 진정한 참나인 브라만은 무지가 제거될 때 실현된다. 헌신을 통해 자아가 소멸되면, 유일한 피난처인 신 안에서 자기를 잃으면 참나가 실현된다. 헌신자는 신이 자기와 다른 타자이며 초월적인 형상을 가졌다는 등의 가정을 하면서 출발한다. 헌신자의 영혼이 자신에게 별개의 개별성이 있다고 상상하기 때문이다. 그러나 헌신이 무르익어 완전히 복종하게 되면, 헌신자는 신 이외의 다른 실재는 없다는 것을 서서

히 깨닫게 된다.

신은 조건지어지지 않고 비이원적이며 순수하다는 점에서 '벌거숭이' 다. 조건지어진 첨가물들은 모두 마야 때문에 생긴 것이다. 그것들은 진짜가 아니며 가공의 투사물이다. 마야의 베일이 벗겨지면, 지고의 실재는 순결하며 조건 없이 존재하는 참나로서 드러난다.

60

nēśami lenakkun nāśaiyaik kāṭṭinī
mōśan seyyādaru ḷaruṇāchalā

오, 아루나찰라여! 사랑이 없던 제 안에
당신을 향한 사랑을 일으키셨으니,
제발 저를 저버리지 마소서.

영혼은 쉽게 헌신자가 되지 못한다. 영혼의 자연적인 성향은 감각 대상을 향한다. 영혼이 구원받으려면 신의 은총이 필요하다. 그래서 헌신자의 영혼은 신에게 말한다. "저에겐 당신에 대한 사랑이 없었습니다. 그 사랑을 시작한 것은 제가 아닙니다. 제 안에서 신에 대한 열망을 불러일으킨 것은 당신입니다. 만약 지금 제가 당신을 열망한다면, 그 책임은 당신에게 있습니다. 당신이 제 안에서 이 새로운 사랑을 불러일으켰으니 저를 버리면 안 됩니다. 만약 당신이 저를 받아들여 제 영혼의 갈증을 채워 주지 않는다면, 당신은 거짓의 죄를 범하는 것입니다. 사람들은 속이기도 합니다. 그러나 어떻게 신이 속일 수 있다는 말입니까?"

이 시는 신을 향한 헌신자의 강한 열망, 그리고 신의 응답이 지연되는 것을 참기 힘들어하는 영혼의 초조함을 보여준다. 그런데 신의 술래잡기 놀이는 영혼의 갈망이 더욱 간절해지게 하기 위한 것이다.

61

naindazhi kaniyā nalanilai padattil

nāḍiyuṭ koḷnala maruṇāchalā

오, 아루나찰라여! 너무 익은 과일은

맛이 없습니다.

적당히 익은 과일을 먹어야 합니다.

헌신자의 영혼은 자기 자신을 먹기에 꼭 알맞은 과일에 비유하고 있다. 만약 신이 꾸물대면서 제때 영혼에게 오지 않는다면, 그것은 너무 익어 버린 뒤에야 과일을 따는 정원사의 행위와도 같을 것이다. 결혼 신비주의의 언어로 말하면, 신부는 신랑을 맞이할 준비가 되어 있다. 그리고 이때가 바로 신부를 즐길 수 있는 적기인 것이다. 만약 신랑이 지금 오지 않고 꾸물댄다면 후에 쓴맛을 맛보게 될 것이다. 따뜻함을 상실한 사랑은 즐거움의 원천이 될 수 없다. 만약 신이 적절한 때에 응하지 않는다면 헌신자의 영혼은 신에 대한 흥미를 잃을지도 모른다. 그래서 영혼은 신에게 시간을 지체하지 말고 즉시, 제때에 자기를 구원하러 오라고 간청한다.

62

nondiḍā dunḍranai tandenaik koṇḍilai
yantaka nīyenak karuṇāchalā

오, 아루나찰라여! 간청하지 않았음에도 당신은
저를 취하시고 당신 자신을 제게 주지 않으셨나요?
당신은 진실로 저에게 죽음의 신입니다!

이 시에서 헌신자의 영혼은 신의 무한한 자비를 찬양하고 있다. 신은 영혼을 받아들였으며, 그 자신을 영혼에게 주었다. 이런 교환이 세상 어디에 있겠는가? 영혼은 하나도 잃지 않고 모든 것을 얻게 되었으니! 성자 마니카바차카르(Manikkavacakar)는 신에게 다음과 같이 말한다. "당신은 당신 자신을 제게 주셨고, 대신 저를 가져가셨습니다. 오, 상카라(Sankara, 쉬바의 다른 이름)여! 말씀해 보소서, 누가 현명합니까? 저는 영원한 희열을 얻었습니다만 당신은 제게서 무엇을 얻으셨습니까?"

만약 안타카(antaka)를 안다카(andhaka)로 읽는다면 그 의미는 이러할 것이다. "당신은 눈이 멀었음에 틀림없습니다! 제가 부탁도 하지 않고 받을 자격이 없는데도, 당신은 저를 받아들이시고 저에게 당신 자신을 주셨습니다."

"당신은 저를 받아들임으로써 저를 파괴했습니다. 그리하여 당신은 저에게 죽음의 신(antaka)이 되셨습니다. 당신은 저의 자아를 죽였고, 그 과정에서 어떠한 고통(nondidadu)도 받게 하지 않으셨습니다." 자아의 죽음은 영원한 생명을 얻기 위한 전제 조건이다.

63

nōkkiyē karudimey tākkiyē pakkuva

mākkinī yāṇḍaru ḷaruṇāchalā

오, 아루나찰라여! 시선과 생각과 신체적인 접촉을 통해

저를 적합하게 만드신 후

저를 구원하소서.

61번 시에서, 헌신자의 영혼은 자신이 잘 익은 과일처럼 신이 즐기기에 딱 알맞은 상태라고 말했다. 이 시에서도 영혼은 비록 자신이 적합하지 않다고 간주되더라도 자신을 적합하게 만드는 것이 신의 의무라고 말한다. 신을 향한 사랑을 신이 일으켰다는 것과 신을 향한 영혼의 갈망 역시 신으로 인해 일어났다는 것이 이미 앞에서 언급이 되었다(60번과 62번 시를 보라).

그렇다면 신은 분명 영혼으로 하여금 신의 은총을

받기에 적합하도록 만들 의무가 있다. 영혼은 영적인 입문(diksha)을 통해서 성숙할 수 있다. 신은 스승(guru)으로 나타나 제자를 입문시킨다. 시선과 생각과 접촉(chaksu diksha, bhava diksha, hasta diksha)을 통한 세 가지 입문 방식이 언급되고 있다. 이 세 가지 유형은 각각 물고기, 거북이 그리고 새가 알을 부화하는 방식과 유사하다. 물고기는 보면서, 거북이는 생각하면서, 새는 육체적인 접촉을 통해서 알을 부화한다고 한다. 마찬가지로, 구루는 시선과 명상을 통해서, 또는 제자의 머리를 손으로 만짐으로써 제자를 입문시킨다(hasta-mastaka-samyoga).

만약 헌신자의 영혼이 너무 낮은 상태에 있어서 세 가지 방법 중 어느 하나만으로는 충분하지 않다고 여겨지면, 그 영혼이 구원받을 수 있도록 세 가지 방법을 모두 적용시켜라. 여기에서 헌신자는 자신에게 구원받을 권리가 있다고 주장하고 있는데, 신의 입장에서 보면 구원할 의무를 지게 되는 셈이다.

64

paṭrimāl viḍantalai yuṭriru munamaruḷ

paṭriḍa varuḷpuri yaruṇāchalā

오, 아루나찰라여! 머리까지 올라와 저를 사로잡고 있는

마야의 독소가 저를 죽이기 전에

은총을 부어 주소서. 당신의 은총을 구하나이다.

마야는 윤회와 고통의 근원이다. 그것은 치명적인 독사에 비유된다. 이 비유는 적절하다. 왜냐하면 아드바이타 경전들은 흔히 환영을 '밧줄과 뱀' 으로 비유하고 있기 때문이다. 무지는 마야의 또 다른 이름이다. 무지로 인해 진리는 보이지 않게 가려지고 진리 아닌 것들이 투영된다. 무지를 없애는 방법은 참나를 아는 것이다. 참나를 알려면 신의 은총이 반드시 필요하다. 따라서 헌신자의 영혼은 이 시에서 은총을 달라고 기원한다. 무지가 죽음이라면 지혜는 생명이다. 무지의 지배를 받는 자들은 영적으로 죽

은 것이다(atmahano janah). 깨달음은 영원한 생명으로 나아가게 한다. 깨달음을 얻으려면 신의 은총을 받을 가치가 있어야 한다.

헌신자의 영혼은 간청한다. "마야가 저를 죽이기 전에 당신의 은총으로 저를 구해 주소서."

65

pārttaruḷ mālarap pārttilai yeninaruḷ
pārunak kārsolva raruṇāchalā

오, 아루나찰라여! 굽어보시고 은총을 내리시어
마야를 소멸시켜 주소서.
당신께서 스스로 은총을 내려 주지 않으시면,
대체 누가 당신에게 그리하라 말할 수 있을까요?

은총은 신의 본성이다. 은총의 부여는 신의 양도

할 수 없는 기능이다. 이 기능은 반드시 헌신자의 영혼과 관련하여 일어나야 한다. 만약 신이 헌신자의 영혼을 도우러 오지 않는다면, 영혼은 누구에게 의지할 수 있겠는가? 이 세계든 다른 어느 세계든 그 누가 헌신자의 영혼을 대신하여 신에게 얘기할 수 있겠는가? 설령 그런 사람이 있다고 한들, 신이 왜 자기의 타고난 기능이 무엇인지를 남에게서 전해 들어야 하는가? 누군가가 불에게 너는 타야 한다고 말해 주어야 하는가? 누군가가 어머니에게 자식을 보호하고 양육해야 한다고 말해 주어야 하는가? 헌신자의 영혼은 신이 은총을 부어 주어 자신을 마야로부터 구해 줄 것임을 추호도 의심하지 않는다.

66

pittuviṭ ṭunainēr pittanāk kinaiyaruḷ

pittan teḷimarun daruṇāchalā

오, 아루나찰라여! 당신은 (감각의 쾌락에 대한)
저의 광기를 없애시고 곧바로 당신에게 미치게
만드셨습니다. 이제 당신의 은총으로
이 광기를 극복할 치료약을 주소서.

감각의 쾌락에 대한 광기는 소위 육욕을 말한다. 신에 대한 광기란 우리가 흔히 헌신이라고 부르는 것을 가리킨다. 전자를 없애는 방법은 후자로 대체하는 것이다. 감각의 대상이 지배하던 가슴에 신이 들어가야 한다. 더 정확히 말하자면, 감각의 쾌락을 향해 흐르던 마음이 신을 향해 흘러가야 한다. 감각의 대상에 대한 사랑(vishaya kama)의 자리에 신에 대한 사랑(Isvara kama)이 대신 들어서야 한다. 이것이 헌신이다. 그러나 신에 대한 광기도 여기에 분리되어 있다는 느낌이 섞여 있는 한 완전한 게 아니다. 마치 가시를 빼내기 위해 다른 가시를 이용하는 것처럼, 신에 대한 광기는 감각의 쾌락에 대한 광기를 없애기 위해 이용된다. 그러나 비이원성이라는 궁극의 목표가 성취되어야 한다는 점에서 보면 신에 대한 광기 역시 넘어서야 한다. 신에 대한 광기를 치유하는 약은 궁극적인 참나의 실현이다. 이 치료약은 신의 은총을 통해서 얻어진다.

67

bīthiyi lunaichchār bīthiyi lenaichchēr
bīthiyun ḍranakkē naruṇāchalā

오, 아루나찰라여! 두려움도 없이 저는
두려움 없는 당신에게 이르려 했습니다.
그런데 왜 당신은 (저와) 하나 됨을 두려워하시나요?

감각적인 쾌락의 유혹을 벗어나서 신과의 합일을 추구하기 위해서는 누구에게나 커다란 용기가 필요하다. 그렇게 할 수 있는 사람이 진짜 영웅(dhira)이다. 헌신자의 영혼은 감각적인 대상의 마수에서 벗어나 유일한 피난처인 신에게 의지하는 법을 배워 행복하다. 신에게는 두려움이 있을 수 없다. 신은 비이원적이므로 두려움이 없다. 이원성이 있을 때 두려움이 있을 수 있다. 헌신자의 영혼은 두려움 없는 비이원성의 실현을 열망한다. 신은 이를 환영해야 한다. 그런데 왜 신은 영혼을 받아들이기를 주저하는가? 신이 두려워하기라도 한다는 말인가? 도대체 신이 주저할 이유가 어디에 있겠는가? 그래서 헌신자의 영혼은 지체 없이 자신의 열망을 이루어 달라고 신에게 애원한다.

첫 행을 다음과 같이 표현할 수도 있다. "감각의 대상이 두려워, 저는 두려움 없는 당신과 하나가 되고자 했습니다."

68

pullari vēdurai nallari vēdurai
pulliḍa vēyaru ḷaruṇāchalā

오, 아루나찰라여! 어느 것이
잘못된 지식인가요? 어느 것이 바른 지식인가요?
은총을 내려 주시어 제가 바른 지식에 이르게 하소서.

무지는 단순히 지식의 부재가 아니다. 그것은 왜곡된 혹은 잘못된 지식이다. 그것은 진정한 참나를 가리며 진짜가 아닌 세상을 투영한다. 따라서 그것은 구속의 근원이 된다. 무지를 없애려면 바른 지식, 비이원적인 참나의 지식을 얻어야 한다. 개별성이라는 마음에서 놓여나 자신이 참나와 다르지 않음을 깨닫기 위해서는 진리를 직접 체험해야 한다.

이러한 궁극의 목표를 이루기 위하여 헌신자의 영혼은 신에게 은총을 달라고 기원한다. 바른 지식과 잘못된 지식을 식별할 수 있으려면 신의 은총이나 구루가 필요하다. 잘못된 지식의 독액은 그것이 진리처럼 가장하는 데 있다. 잘못된 지식의 가면을 벗기려면 신의 은총에서 나오는 지혜를 얻어야 한다. 지혜를 얻으면 더 이상 이원성이 없으며 슬픔도 없다.

69

bhūmaṇa māmanam pūraṇa maṇaṅgoḷap
pūraṇa maṇamaru ḷaruṇāchalā

오, 아루나찰라여!(지금) 세상에 집착하고 있는
이 마음을 완전한 신에게 집착하게 하여 그 완전함과
하나 되게 하소서! 당신의 은총을 내려 주소서!

무지한 상태의 마음을 차지하고 있는 것은 진짜가 아닌 세상이며 마음도 이 세상의 한 부분이다.

세상은 마음을 채운다. 마음이 감당하기에는 세상이 너무 버겁다. 불행과 끝없는 고통이 있는 것은 이 때문이다. 불행을 없애는 방법은 마음을 이 세상에서 떼어 내어 완전인 신에게 집착하게 하는 것이다. 완전이 마음을 사로잡을 때—결혼 신비주의의 언어로 표현하자면, 마음이 신과 결혼할 때—마음은 용해되며, 남는 것은 비이원적인 브라만이며 희열의 경험이다.

'완전한 결혼' 혹은 '충만한 결혼'을 의미하는 푸라나 마남(purana manam)은 신성한 삶의 완성이며, 비이원적 경험(advaita anubhava)과 같은 것이다.

70

peyarninait tiḍavē piḍittizhut tanaiyun
perumaiyā rarivā raruṇāchalā

오, 아루나찰라여! 당신의 이름만 생각했음에도
당신은 저를 당신에게 끌어당겼습니다.
그 누가 당신의 위대함을 알 수 있을까요!

아루나찰라를 생각하기만 해도 영혼이 속박에서 풀려나는 효과가 있다고 믿어진다. 어린 시절 라마나는 친척 어른에게서 '아루나찰라'라는 이름을 듣게 되었는데, 뚜렷한 이유도 없이 아루나찰라에 매혹되었다. 그리하여 라마나는 그 신성한 산으로 전설적인 여행을 떠났고, 그곳에 도착한 뒤에는 다른 어느 곳에도 가고 싶은 욕망이 일지 않았다. 그는 여생을 아루나찰라에서 보냈다.

아루나찰라는 헌신자의 영혼을 구원할 구실만을 기다리고 있다. 영혼이 그 이름을 기억한다면 그것으로 충분하다. 그러면 신은 영혼을 구하러 온다. 헌신자의 영혼은 자신의 의지와 상관없이도 끌리게 된다. 세속에 대한 집착에서 벗어나 신의 존재로 끌리는 것이다. 이것이 아루나찰라의 비할 수 없는 위대함이다! 그 위대함은 측정할 수 없으며 형언할 수도 없다.

71

pēyttanam viḍaviḍāp pēyāp piḍittenaip

pēyanāk kinaiyen naruṇāchalā

오, 아루나찰라여! 저의 (저급한) 유령 같은 성품이
떠날 수 있도록, 당신은 완강한 유령처럼
저를 사로잡고 유령처럼 행동하게 만들었습니다.

자아는 영혼을 홀리는 저급한 유령이다. 이 유령을 쫓아내려면 신이 영혼을 사로잡아야 한다. 세상에 미쳐 있던 영혼은 이제 신에게 미치게 된다. 예전에는 악령에게 사로잡혀 있었지만 이제는 지고의 영인 신에게 사로잡힌다. 신에게 사로잡힌 영혼은 아이처럼, 혹은 미치광이나 귀신에 홀린 사람처럼 행동한다(bala-unmatta-pisachavat).

헌신자의 영혼은 신의 은총의 결과로서 자신에게 찾아온 새로운 삶을 보고 놀라워한다. 영혼의 새로운 광기는 고양시키는 경험이다. 영혼의 새로운 신들림은 그 영혼을 구하고 완전하게 만들어 줄 것이다. 세속적인 것들에 빠져 있는 사람들은 그 영혼을 보고 미쳤다고 말할 것이다. 그러나 만약 이것을 광기라고 부른다면, 오히려 광기가 가치 있는 것이며 멀쩡한 정신은 가치가 없다.

72

paiṅkoḍi yānān paṭrinḍri vāḍāmal
paṭrukko ḍāykkā varuṇāchalā

오, 아루나찰라여! 지지대처럼 저를 보호하시어
지지대 없는 가녀린 덩굴식물처럼
시들지 않게 하소서!

덩굴식물은 나무나 지지대가 없으면 살아남을 수 없다. 덩굴식물에게 힘을 주고 성장하도록 돕는 것은 버팀나무나 지지대이다. 마찬가지로, 헌신자의 영혼은 신이 없으면 살아갈 수 없다. 신은 영혼의 대들보이며 지주이다. 그래서 영혼은 자신을 저버리지 말라고 신에게 애원한다. 마야와 삼사라(samsara)는 불행한 조건을 만드는 강력한 힘이다. 만약 헌신자의 영혼이 그것들과 싸워 이기려면 신의 변함없고 무한한 도움을 받아야 한다.

상카라는 『쉬바난다라하리*Sivanandalahari*』에서 신에 대한 마음의 헌신을 설명하기 위해 여러 비유를 들었는데, 그 가운데는 나무를 휘감고 있는 덩굴 식물에 대한 비유가 있다(lata kshitiruham).

73

poḍiyān mayakkiyen bōdattaip parittun

bōdattaik kāṭṭinai yaruṇāchalā

오, 아루나찰라여! 당신은 마법의 가루약을 쓴 듯
저를 마비시켜 멍하게 만드시더니,
저의 지성을 앗아가시고
당신의 지혜를 보여 주셨습니다.

영혼의 지성은 사실 전혀 지성이라고 말할 수 없다. 왜냐하면 그것은 무지이기 때문이다. 그것은 지식을 가장한 무지이다. 따라서 이 지성을 없애기는 어렵다. 오직 신의 은총만이 그것을 없애도록 도울 수 있다. 은총은 마법의 가루약처럼 기적을 일으킬 수 있다. 마법사가 환자에게 기적의 가루약을 뿌리면, 환자는 주도권과 의지를 잃고 마법사의 수중에 떨어진 도구가 된다. 그는 이제 자신의 눈으로 볼 수 없으며 마법사의 눈으로 본다. 마찬가지로, 가장 위대한 마법사(mayin)인 신은 은총이라는 주술을 걸어 헌신자의 영혼을 제압한다. 그리하여 영혼은 그동안 참지식으로 착각하고 있던 무지를 없앨 수 있다. 이 일이 다 끝나면, 지고의 참지식인 신의 지혜가 영혼에게 드러난다. 여기에서는 보는 자, 봄, 보이는 대상의 구별이 없다. 이 참지식은 마음이 바뀐 것이 아니다. 그것은 신이며 참나인 순수 의식(chin-matra)이다.

74

pōkkum varavumil poduveḷi yinilaruṭ

pōraṭṭankāṭ ṭaruṇāchalā

오, 아루나찰라여! 오고 감이 없는 공간에서

은총에 의해 벌어지고 있는 싸움을

저에게 보여 주소서.

여기에서 말하는 공간은 무한한 비이원적 실재인 브라만이다. 가슴의 에테르가 그것을 상징한다. 여기에서는 어떤 속박도, 이원성도, 태어남도, 죽음도 없다. 그것은 윤회 너머에 있는 영역이다. 브라만은 무한자이며 한계 없는 실재(bhuman)이다. 거기에는 이원성이 없으므로 오고 감이 없다. 탄생과 죽음과 모든 변화는 오직 개인에게만 일어날 수 있다. 그러나 오직 하나(ekam, eva, advitiyam)뿐이며 둘이 없는 브라만 안에서는 어떤 개별성도 없다. 이 브라만에 이르는 것이 삶의 목표이다.

그렇다면 어떻게 브라만에 이를 수 있는가? 다원성, 다원성이라는 관념과 그 원인, 그리고 무지와 싸워 정복함으로써 그렇게 할 수 있다. 이 싸움에서 이기려면 신의 은총이 도와야 한다. 이 시에서 헌신자의 영혼은 무지의 어둠과 지혜의 빛 사이에 벌어지는 큰 싸움을 보여 달라고 기도한다. 지혜의 빛이 확실히 이기려면 신의 은총이 도와야 하는데, 이 은총은 지혜의 또 다른 이름이다.

75

bhautika māmuḍal paṭraṭru nāḷumun
bhavisukaṇ ḍuravaru ḷaruṇāchalā

오, 아루나찰라여! 원소들로 이루어진 이 몸에 대한
집착을 버리고, 늘 당신의 광휘를 바라보며
그것과 하나가 되도록 당신의 은총을 내려 주소서!

영혼을 조건지우고 유한하게 만드는 것은 몸에 대한 집착이다. 몸과 마음은 비자아를 구성하는 원소들의 산물이다. 영혼이 "나는 몸이다. 몸은 내 것이다."라고 생각하는 것은 무지 때문이다. 이러한 그릇된 동일시가 영혼을 윤회의 수레바퀴에 가둔다. 영혼은 이 그릇된 동일시가 없어질 때 비로소 비이원적 실재인 브라만 안에서 그 진정한 존재를 실현한다. 브라만은 삿(sat), 칫(chit), 아난다(ananda)이며 지고의 광휘이다. 영혼도 같은 광휘이지만 감옥에 갇혀 있는 것처럼 보인다. 참지식의 다른 이름인 은총을 통해서 이 구속이 사라질 때, 영혼은 비이원성이라는 진리를 깨닫는다.

76

malaimarun diḍanī malaittiḍa vōvaruḷ

malaimarun dāyoḷi raruṇāchalā

오, 아루나찰라여! 당신이 미혹 치료제를 주시는데,

제가 왜 미혹에 (계속) 사로잡혀 있겠습니까?

은혜로운 약산(藥山)으로 눈부시게 빛나소서!

미혹, 무지는 속박의 원인이다. 그것은 영혼이 겪는 근본적인 질병이다. 신은 이 질병을 고치는 치료제를 준다. 신은 의사(bhishak)이며 약(bheshajam)이다. 그렇다면 영혼이 왜 절망하겠는가? 아루나 산의 모습으로 나타난 궁극의 실재는 영혼의 병을 치유하는 최고의 약이다. 그 산을 생각만 해도 속박이라는 질병의 원인이 치료될 것이다.

말라이마룬 디다니 말라이티다보(malaimarun didani malaittidavo)는 다음과 같은 뜻으로도 해석될 수 있다. "왼편에 산의 딸을 두고 계시는 당신이시여! 당신은 왜 미혹이라는 질병의 치료제를 주지 않고 머뭇거리십니까?"

77

mānankoṇ ḍurubavar mānattai yazhittabhi

mānamil lādoḷi raruṇāchalā

오, 아루나찰라여! 자만심 강한 이들의

자만심을 파괴하고

당신은 자만심 없이 빛을 발하고 계십니다!

이 몸과 세상에 대한 영혼의 자만심은 속박을 조장한다. 이 몸과 세상 속에 자리한 '나, 나의 것' 이라는 자만심이 영혼을 옥죄어 윤회의 수레바퀴 속으로 몰아넣는다. 영혼을 구원하려면 자만심을 없애야 한다. 이는 신의 은총을 통해서 이루어진다. 자만심이 없음은 무한함의 표지이다. 비이원적 실재인 신에게는 자만심이 없다. 자신의 위대한 정체성을 깨달을 때 비로소 자만심에서 벗어나게 된다.

78

minjiḍil kenjiḍun konja varivaniyān

vanjiyā daruḷenai yaruṇāchalā

오, 아루나찰라여! 무지한 저는

난관에 부닥쳐 어찌할 바를 모를 때만 움츠러듭니다.

저를 현혹시키지 마시고 은총을 내려 주소서!

자만심은 무지의 결과이다. 자아는 우쭐해진 나머지 자기의 중요성을 과대평가한다. 자기의 무능함을 모르고 자신이 전능하다고 생각한다. 고된 경험이 머리를 때려 굴복시키면 비로소 자아는 움츠리며 자기 보존을 갈망한다. 헌신자의 영혼은 자아의 가치 없음을 깨닫고서, 자아의 술책들로부터 구원받을 수 있도록 신에게 은총을 기원한다.

79

mīkāma nillāman mākāṭ ṭralaikala

mākāmal kāttaru ḷaruṇāchalā

오, 아루나찰라여! 키잡이도 없이

폭풍우에 내말겨진 배처럼 고생하지 않도록

저를 보호해 주소서.

영혼은 거친 바다 위에서 사나운 폭풍우를 만난 배와 같다. 삼사라(samsara)라는 미답의 바다 위에서 영혼은 아무런 방향 감각이나 목적도 없이 표류하고 있다. 욕망의 바람이 부는 대로 영혼은 어디로든 떠돈다. 영혼의 배에는 키잡이가 없다. 이러한 조건에서는 영혼이 파멸되게 되어 있다. 영혼을 파멸에서 구하는 것은 신의 은총이다. 신이 키잡이가 되고 신의 은총이 키가 될 때, 폭풍이 아무리 사납고 바다가 아무리 거칠어도 영혼은 난파당하지 않을 것이다.

80

muḍiyaḍi kāṇā muḍiviḍut tanainēr

muḍiviḍak kaḍanilai yaruṇāchalā

오, 아루나찰라여! 시작도 끝도 찾아낼 수 없는

무지의 매듭을 어머니처럼 풀어 주소서.

저의 힘으로는 이 매듭을 풀 수 없습니다.

무지의 매듭이 속박의 원인이다. 무지를 매듭이라고 말하는 이유는 진실과 거짓을 섞고, 거짓을 진실로 착각하기 때문이다. 무지에 묶인 영혼은 그것의 한계나 끝을 이해할 수 없다는 점에서 무지는 시작도 없고 끝도 없다. 그러니 영혼이 어떻게 도움 없이 매듭을 풀 수 있겠는가? 이 매듭을 풀 수 있는 이는 오로지 신밖에 없다. 아이를 구조하러 급히 달려가는 어머니처럼, 신이시여, 무지로 친친 휘감긴 영혼을 당신의 무한한 은총으로 해방시켜 주소서.

81

mūkkilan munkāṭṭu mukuramā gādenait

tūkki yaṇaindaru ḷaruṇāchalā

오, 아루나찰라여! 코 없는 사람 앞에 놓인

거울처럼 계시지 마시고

저를 들어올려 포옹하여 주소서.

헌신자의 영혼은 자신의 결점을 너무도 잘 안다. 신이시여, 이 결점들을 보여 줌으로써 영혼에게 창피를 주지 마십시오. 코 없는 얼굴은 보기에 끔찍할 것이다. 코 없는 사람에게 거울에 비친 자신의 얼굴을 보게 하는 것보다 더 큰 모욕은 있을 수 없을 것이다. 신은 유한한 개인처럼 행동할 수 없으며, 아름다움과 추함, 완전함과 불완전함을 구별하지 않는다. 영혼의 결점을 없애는 것은 신의 의무이다. 신의 은총으로 이루지 못할 것은 아무것도 없다. 헌신자의 영혼은 자신을 껴안고 구원해 달라고 신에게 기원한다.

82

meyyahat tinmana menmala raṇaiyinā

meykalan diḍavaru ḷaruṇāchalā

오, 아루나찰라여! 이 몸 안의 성소에 있는 가슴,

부드러운 꽃으로 이루어진 그 침대 위에서

우리가 하나 되도록 은총을 내려 주소서.

이것은 결혼 신비주의의 언어이다. 헌신자의 영혼은 신과 결합하기를 갈망한다. 그 결합이 실현되는 장소는 가슴이다. 그러려면 가슴은 우선 신을 받아들이기에 알맞은 장소가 되어야 한다. 거칠고 딱딱한 장소에 신을 초대하는 것은 소용이 없다. 가슴은 부드럽고 향기로워야 한다. 그런 다음 영혼은 신에게 안으로 들어와서 자기를 껴안아 달라고 간청해야 한다. 아드바이타의 언어로 표현하자면, 장애의 근원인 무지가 제거되고 가슴의 매듭이 끊어질 때 위대한 정체성이 실현된다.

83

mēnmēl tāzhndiḍu melliyar sērndunī

mēnmaiyuṭ ṭranaiyen naruṇāchalā

오, 아루나찰라여! 자신을 더욱 낮추는

온순한 이들과 하나 되었음에도

당신이 높아진 것은 어째서입니까?

참된 헌신자는 지극히 겸허하다. 그들에게는 자만심이 흔적조차 없다. 헌신이 깊어질수록 더 겸허해진다. 신은 그러한 헌신자를 구원하러 달려간다. 신은 그들을 보살피고 구원하기 위해 무슨 일이든 할 준비가 되어 있다. 그로 인해 신의 위대함이 드러난다. 진정 신이 헌신자를 섬긴다(bhakta-paradhina)고까지 말할 수 있을 것이다. 높은 자리에서 내려와 영혼을 더러움과 슬픔의 진창에서 끌어올리는 데 신의 광채가 있다. 신이 더 깊이 내려갈수록 신의 광채는 더 환히 드러난다.

결혼 신비주의의 언어로 표현하면, 이 시는 이런 의미로 해석될 수도 있다. "당신은 수많은 여인들과 관계를 가졌으나, 그럼에도 순수한 채로 있습니다."

84

maimaya nītaruḷ maiyinā lunaduṇ
maivaśa mākkinai yaruṇāchalā

오, 아루나찰라여! 당신은 은총의 연고를 발라
미혹의 어둠을 없애시고는
저를 진정 당신의 것으로 만드셨습니다.

무지에서 태어난 미혹은 영혼의 눈을 멀게 한다. 그것은 진리를 가리는 어둠이다. 그 무지를 없애 줄 치료제는 신의 은총이라는 연고이다. 신이 이 마법의 연고를 바를 때, 영혼의 눈을 가리고 있던 덮개들이 떨어져 진리를 볼 수 있게 된다. 영혼은 미혹의 주술에 묶여 자신이 신에 반하는 비자아에 속한다고 상상했다. 망상이 신의 은총으로 파괴된 지금, 영혼은 자신이 아무도 빼앗을 수 없는 신의 것임을 알게 되며 아무도 빼앗을 수 없다는 진실을 알게 된다.

85

moṭṭai yaḍittenai veṭṭa veḷiyilnī

naṭṭamā ḍinaiyen naruṇāchalā

오, 아루나찰라여!

당신은 저의 머리를 깨끗이 삭발하시고,

(제 가슴의) 드넓은 공간에서 춤을 추셨습니다.

이 얼마나 경이로운 일인지요!

머리를 삭발하는 것은 자아의 포기를 의미한다. 자아를 잘라 내면, 가슴은 신이 모습을 드러내기에 알맞은 장소가 된다. 신의 춤은 신의 본성을 이루는 더없는 기쁨의 표현이다. 치다카사(chidakasa, chidambara) 상태에서 나타라자(Nataraja)는 기쁨의 춤을 춘다. 그 춤을 보는 사람은 자기 자신을 잃고 만다.

앞 구절을 모타이야지투(mottaiyazhittu)라고 읽으면 '자아를 파괴하는' 이라는 뜻이 되며 결국은 같은 의미이다.

자아가 지속되는 한, 진정한 행복이란 있을 수 없다. 자아가 파괴될 때 비이원적인 희열이 실현된다.

86

mōhan tavirttun mōhamā vaittumen

mōhantī rāyen naruṇāchalā

오, 아루나찰라여! (감각의 대상에 대한)

저의 어리석은 집착을 제거하시고

저를 당신에게 집착하게 하셨습니다.

그러나 왜 아직 이 집착은 없애지 않으셨나요?

세상에 집착하는 영혼의 질병은 일종의 동종 요법으로 치료할 수 있다. 영혼이 질병에 걸리는 원인은 감각의 대상에 대한 집착 때문이다. 유한한 것과 덧없는 것에 대한 집착은 진정한 행복을 주지 못한다. 미혹이라는 주문에 걸린 영혼은 대상들을 기쁨의 원천으로 착각하고 그것들에 집착하게 된다. 영혼이 고통에서 벗어나 구원받으려면 대상들로부터 분리되어야 한다. 그렇게 할 수 있는 방법은 여러 가지가 있다. 그러나 가장 확실하고 안전한 방법은 영혼으로 하여금 신에게 집착하게 하는 것이다. 대상에 대한 욕망이라는 질병을 치료하는 좋은 치료제는 신에 대한 사랑이다. 신에 대한 사랑을 키우려면 신의 은총이 절대적으로 필요하다. 신을 숭배해야 하는 까닭은 신의 은총 때문이다. 그러나 목적지를 향해 가는 영혼의 여행이 숭배자와 피숭배자라는 신과의 관계를 확립하는 데서 멈추면 안 된다. 신과의 관계가 신성하지 않은 것과의 관계를 제거하는 데 기여하지만, 영혼 그 자체가 부정되지 않은 채로 남아 있을 수는 없다. 숭배자와 피숭배자 관계는 다른 모든 관계를 승화시킨다. 그리고 그 관계 자체는 아드바이타 경험 속에서 초월된다. 이 시에서 헌신자의 영혼은 이 초월의 상태를 위해 기도한다.

87

mowniyāik karpōl malarā dirundāl

maunami dāmō varuṇāchalā

오, 아루나찰라여!

사람이 돌처럼 말없이 있다고 해서

이것이 침묵일까요?

만약 외적인 침묵이 지혜의 필수 조건이라면, 말 못하는 벙어리가 가장 현명할 것이다. 더욱이 완전한 상태는 돌 같은 상태라고 말해야 할 것이다. 말을 의식적으로 조절하는 것은 틀림없이 가치 있는 훈련이다. 그러나 말 없음을 깨달음으로 오해해서는 안 된다. 진정한 침묵은 마음이 고요히 멈추어 있는 상태이다. 여기에서 마음이 고요하다는 것은 마음이 조용하고 평온해져 있다는 뜻이다. 사실, 참된 침묵은 우파산타(upasanta) 즉 지고의 고요함이라고 불리는 완전한 경험이다. 이것은 진정한 의미의 마우나(mauna, 침묵)이다.

88

yavanen vāyin maṇṇinai yaṭṭi

yenpizhaip pozhitta daruṇāchalā

오, 아루나찰라여!

저의 입에 진흙을 집어넣고

저의 생계를 앗아간 자가 누구였나요?

이것은 비난을 가장한 칭송이다. 윤회하는 영혼은 감각의 대상을 마음껏 즐긴다. 왜냐하면 그러한 영혼은 무지로부터 음식을 얻기 때문이다. 영혼은 독을 음식이라 여기며 독을 먹고 자란다. 신은 영혼을 감각의 대상으로부터 벗어나게 하고 무지를 파괴함으로써 영혼을 구원한다.

헌신자의 영혼은 신이 내리는 구원의 은총을 찬양한다. '입에 진흙을 집어넣는' 이라는 표현은 음식을 물리친다는 뜻이며, '생계를 앗아가는' 이라는 표현은 생계의 수단을 앗아간다는 뜻이다. 신의 은총은 파괴적인 삶과 그릇된 생활을 불가능하게 한다.

89

yārumari yāden madiyinai maruṭṭi

yevarkoḷai koṇḍa daruṇāchalā

오, 아루나찰라여!

아무도 모르게 저의 마음을 마비시켜

저를 황홀케 한 자가 누구였나요?

신은 헌신자의 가슴을 노리는 으뜸가는 도둑이다. 그는 누구의 눈에도 띄지 않고 다가온다. 그는 모든 존재 안에 있으되 보이지 않는 거주자가 아니던가? 그는 모든 것을 알지만, 아무도 그를 알 수 없다. 그는 모든 지식을 아는 자이며, 모든 봄을 보는 자이다.

속박된 상태에 있는 영혼은 다원적 세상이라는 마력에 사로잡혀 있다. 이러한 그릇된 마력은 보다 우월한 마력인 신의 은총에 의해 제압당한다. 신은 영혼을 구하고 그에게 신성한 결합의 기쁨을 주기 위하여 남몰래 조용히 다가오며, 언제나 늘 다가온다. 헌신자의 영혼은 신의 무한한 자비와 영혼에 대한 한없는 관심을 보고 놀란다.

90

ramaṇanen ḍruraittēn rōsham koḷādenai
ramittiḍach cheyavā varuṇāchalā

오, 아루나찰라여! 당신은 저의 매혹적인 주인이므로
저는 이 모든 것을 말했습니다. 조금도 성내지 마시고,
제게 오시어 저를 행복하게 해 주소서!

헌신자의 영혼은 지금까지 신에게 스스럼없이 얘기했다. 신에게 농담도 했고, 신을 조롱하거나 심지어 비난하기까지 했다. 그녀는 이제 자신의 행동을 돌이켜보며 자신의 행동이 도를 넘었을지도 모른다고 생각한다. 그래서 신에게 자기의 행동에 화를 내거나 불쾌해 하지 말라고 간청한다. 그녀가 지나치게 행동한 까닭은 사랑, 오직 사랑 때문이었다. 그녀는 자발적으로 은총을 베푸는 신에게 아무런 불만이 없다. 그래서 자신에게 다가와 행복하게 해 달라고 신에게 간청한다. 혹시 그녀가 거칠게 말하더라도,

그것은 신을 자신에게 오게 하기 위함이지 내쫓기 위함이 아니다. 더욱이 신은 내면에 있는 영원한 왕이거늘 어느 누가 내쫓을 수 있겠는가?

91

rāppaga lillā veruveḷi vīṭṭil

ramittiḍu vōmvā varuṇāchalā

오, 아루나찰라여! 오소서,

이제 밤도 낮도 없는 순수한 공간의 집

(가슴의 에테르)에서 함께 즐깁시다.

여기 이 시에서 헌신자의 영혼은 가슴의 집으로 신을 초대하는데, 그곳은 신과 비이원성의 희열을 향유할 최적의 장소이다. 가슴의 에테르는 마음의 에테르나 원소의 에테르와는 달리 순수하고 오점이 없다. 마음의 에테르나 원소의 에테르는 프라크리티

(prakrti)와 환영(maya)이 나타난 것이다. 가슴의 에테르는 순수 의식이다. 그 안에는 마음도 없고, 에테르나 원소들도 없다.

타밀어 비두(vidu)는 '집' 을 의미하기도 하고, '포기의 상태' 나 '해방' 을 뜻하기도 한다. '가슴' 은 사람이 자아 등으로부터 해방된 실재이다. 그것은 이원성이 전혀 없는 정지의 상태이며, 밤이나 낮도 없는 시간 밖의 경험이기도 하다. 헌신자의 영혼은 신과 하나가 될 이러한 경험을 갈망한다.

92

latchiyam vaittaru ḷastiram viṭṭenai

batchittāi prāṇano ḍaruṇāchalā

오, 아루나찰라여! 당신은 저를 과녁으로 삼아

은총의 화살을 쏘시고

저를 산 채로 드셨습니다.

『우파니샤드』 경전에는 다음과 같은 말이 있다. "프라나바(pranava, Om)는 활이요, 참나는 화살이며, 브라만은 과녁이다. 과녁은 정확히 명중되어야 하며, 화살로 날아간 사람은 브라만이 되어야 한다." 이 시에서도 같은 진리가 함축되어 있지만, 결혼 신비주의의 언어를 사용하고 있기 때문에 관계가 역순으로 되어 있을 뿐이다. 즉 영혼은 과녁이요, 화살은 은총이며, 겨냥하는 사람은 신이다. 천국의 사냥개가 사냥감을 잡으러 오며, 그 사냥감을 완전히 죽이지 않으면 떠나지 않을 것이다. 그러나 이러한 죽음은 헌신자가 열렬히 바라던 바이다. 그녀는 자기를 신이 드실 음식으로서 기꺼이 바칠 마음뿐이다. 완전한 기쁨은 자아의 완전한 소멸에 있다.

93

lābanī yihapara lābami lenaiyuṯṯru

lābamen nuṯṯranai yaruṇāchalā

오, 아루나찰라여! 제게는 당신이 최고의 소득입니다.
지상에도 천상에도 아무런 이익이 되지 않는
저를 받아들임으로써 당신은 무엇을 얻으셨나요?

신인 아루나찰라는 영혼의 최종 목적지(parama-purusartha)이자 궁극의 목표이다. 신은 성취할 욕망이 없으므로 얻을 것도 없다. 신은 스스로 자리 잡고 스스로 빛나는, 사방에 충만해 있는 실재이다. 슈리 크리슈나는 『바가바드 기타』에서 다음과 같이 말한다. "내가 해야 할 일은 이 삼 세계에 아무것도 없으며, 아직 이루지 못한 까닭에 이루어야 할 것도 없다. 그럼에도 나는 계속 일을 한다."(3장 22절) 신이 하는 일이란 은총을 듬뿍 내림으로써 영혼을 구원하는 것이다. 최상의 영혼이라 할지라도 이런저런 결점이 있게 마련이다. 어떤 영혼도 원하던 것을 다 얻었다고 주장할 수 없다. 헌신자의 영혼은 자신이 가치 없음을 깨닫는다. 신은 그 영혼을 받아들임으로써 얻을 것이 아무것도 없다. 그럼에도 불구하고 신이 그녀를 받아들였다는 것은 단지 그의 풍부한 자비심을 보여줄 뿐이다.

쉐이바(Saiva) 성자들 가운데 한 사람인 마니카바차카(Manikkavachaka)는 다음과 같이 노래한다. "당신이 준 것은 당신 자신이요, 당신이 얻은 것은 저 자신입니다. 오, 상카라여, 우리 둘 중에서 누가 더 영리한가요? 저는 끝없는 희열을 얻었지만, 당신은 저에게서 무엇을 얻었습니까?"

94

varumbaḍi solilai vanden paḍiyaḷa
varundiḍun talaividhi yaruṇāchalā

오, 아루나찰라여! 당신이 저에게
오라고 하지 않으셨나요? 제가 왔습니다.
이제 당신은 (저의 생계를) 책임지셔야 합니다.
힘들어도 그것은 당신의 운명입니다.

구원받고자 하는 의지가 없는 영혼이라도 어떻게든 구원하는 것이 신의 은총이 하는 일이다. 신은 언제나 영혼을 부르고 있다. 드물기는 하지만, 이 부름에 즉각 응답할 준비가 되어 있는 영혼도 있다. 헌신자는 신의 부름을 받고 신을 찾아 왔다. 그런데 신은 이제 와서 영혼이 자기 운명을 스스로 감당해야 한다면서 영혼을 돌볼 책임을 회피할 수는 없다. 운명의 힘이 신의 의지보다 더 강한가? 헌신자의 영혼을 부른 것은 신이기에 영혼을 돌보는 일은, 설령 그 일이 힘들어도, 신이 책임져야 할 몫이다.

슈리 상카라는 『쉬바난다라하리』(15절)에서 영혼들의 신에게 다음과 같이 말한다. "만약 당신이 (저의 운명에) 무심하지 않으시다면, 왜 저로 하여금 당신을 명상하지 못하게 방해하고 마음속을 사악한 욕망으로 가득 차게 하는 (저에 대한) 브라마의 법령을 파기하지 않으십니까? 만약 당신이 무력하다면, 엄지손톱 정도로는 꿈쩍도 하지 않을 견고한 브라마의 머리를 어떻게 엄지손톱 끝으로만 손쉽게 뽑으셨습니까?"

힌두교 신화에서 운명을 정하는 신은 창조자 브라마이다. 전설에 따르면, 브라마는 원래 머리가 다섯 개였다. 그러나 쉬바가 그중 하나를 뽑아 버렸다. 『바라하 푸라나*Varaha Purana*』에 의하면, 브라마는 루드라(Rudra)를 창조한 뒤 그에게 이 세상을 지키라고 했다. 이 때 브라마는 루드라를 카팔리(kapali)라고 불렀는데, 이것은 모욕적인 이름이었다. 화가 난 루드라는 브라마의 다섯째 머리를 엄지손톱으로 뽑아 버렸다. 엄지손가락 또는 엄지손톱 끝부분만으로 브라마의 머리를 뽑았다는 것은 이 시의 대상인 쉬바 신의 무한한 힘을 강조하는 이야기이다.

신은 운명에게 책임을 돌려 놓고 침묵을 지킬 수는 없다. 신은 운명을 바로잡지도 못할 만큼 그렇게 무력하다는 말인가? 대체 그 무엇이 신의 힘에 맞설 수 있다는 말인가? 운명이 신의 은총보다 더 강할 수 있겠는가?

슈리 크리슈나는 『바가바드 기타』에서 다음과 같은 약속을 했다. "나와 하나라 여기며 한결같은 마음으로 나를 명상하며 온전한 헌신으로 나를 경배하는 이들에게 나는 그들의 필요를 채워 주며 가지고 있는 것을 지켜 준다."(9장 22절)

다음 이야기는 이 시에서 가르치는 진리를 예증해 주고 있다. "옛날 옛적에 두 형제가 살고 있었다. 형은 늘 수행을 했고, 동생은 집안의 생계를 꾸렸다. 동생은 매일 식량과 일용품을 가져와서 아내에게 주었다. 동생의 아내는 손위 동서에게 식량을 나누어 주었다. 손위 동서는 음식을 만들어 정오까지 식사를 준비해 놓았다가, 남편이 강가에서 수행을 마치고 돌아오면 식사를 대접했다. 그는 먼저 신에게 음식을 올린 뒤 식사를 했다. 식사를 마치면 곧바로 강둑으로 돌아가서 다시 고행을 시작했다. 이런 일이 오랫동안 매일 계속되었다. 마침내 동생의 아내는 시숙이 허송세월을 보내며 무위도식한다고 생각하여 화가 났고, 손위 동서에게 식량을 나누어 주지 않았다. 그 날 정오에 형이 집으로 오니 음식이 없었다. 그는 점심도 먹지 못하고 다시 강가로 돌아가 명상을 했다. 다음날도 마찬가지였다. 그는 기도를 하러 가기 전에 『바가바드 기타』를 꺼내어, 신은 신을 자신과 다르지 않은 존재로 끊임없이 생각하는 사람들의 삶을 돌보아 준다는 구절이 들어 있는 면을 펼쳤다. 그는 이 구절이 신의 말이 아니며 누군가가 임의로 끼워 넣은 말일 것이라고 생각했다. 그래서 그는 선을 그어 그 구절을 지워 버리고 강둑으로 다시 갔다. 그가 집을 나간 뒤, 하리(Hari, 크리슈나의 다른 이름) 신은 많은 식량과 재물을 싣고 그의 집으로 가져가서 아내에게 건네주고는 사라졌다. 아내는 급히 강둑으로 달려가서 남편을 만나 방금 일어난 일을 이야기해 주었다. 신심 깊은 형은 집으로 돌아와서 신이 행한 놀라운 일을 직접 목격했으며, 『바가바드 기타』를 꺼내어 지워 버린 구절을 다시 써 넣었다."

이 이야기의 교훈은 참된 구도자에게는 걱정할 것이 하나도 없으며, 심지어 생계에 대해서조차 걱정할 것이 없다는 것이다. 두려움이나 걱정은 그의 마음속에 자리 잡을 수 없다. 그의 삶은 진실로 걱정이 없는 삶이다. 그에게 유일한 걱정이 있다면 그것은 영적 진보에 관한 것이다. 그는 자기 몸을 포함한 이 세상을 비이원적인 참나에 첨가된 외양으로 간주하고 있다.

95

vāven drahampukkun vāzhvaru ḷandrēyen

vāzhvizhan dēnaru ḷaruṇāchalā

오, 아루나찰라여! 당신이 "오라."고 말씀하시고
당신의 은총으로 제가 당신과 더불어 참가슴속으로
들어간 그 날, 저는 개별적인 삶을 잃었습니다.
이것은 당신의 은총입니다!

자아를 잃을 때 참나를 얻는다. 그런데 참나를 얻는 것은 참나의 은총 때문이다. 자아는 무지로 만들어진 환영에 불과하다. 자아가 소멸할 때 찬란한 참나만이 가슴속에서 빛을 발한다. 헌신자의 영혼은 지고의 참나인 신과의 결합을 동경한다. 그녀가 신과 함께 가슴 가운데로 들어갈 때, 그녀의 자아는 완전히 소멸한다. 그녀는 자기를 잃음으로써 참나를 찾는다. 분리되어 있는 존재라는 생각이 불행의 원인이다. 이 생각이 환영에 불과함을 깨달을 때, 불행은 사라지고 더없는 희열을 체험하게 된다.

96

viṭṭiḍil kaṭṭamām viṭṭiḍā dunaiyuyir

viṭṭiḍa varuḷpuri yaruṇāchalā

오, 아루나찰나여! 만약 제가 (죽을 때 당신에 대한 기억을)
놓친다면, 저는 괴로움을 겪을 것이며
(다시 태어나게 될 것입니다). 제가 (당신에 대한 기억을)
놓치지 않고 죽을 수 있도록 은총을 내려 주소서.

죽기 전의 마지막 생각은 더없이 중요하다. 왜냐하면 영혼의 미래를 결정하는 것은 그런 생각들이기 때문이다. 자다 바라타(Jada Bharata)는 금욕적으로 살았지만 사슴으로 다시 태어나야만 했다. 왜냐하면 그의 마지막 생각이 그동안 기른 애완용 사슴에 쏠려 있었기 때문이다. 헌신자의 영혼은 자신의 마지막 생각이 신에게 모아지기를 기도한다. 슈리 크리슈나는 『바가바드 기타』에서 다음과 같이 말한다.

"대상이 무엇이든 그 대상에 대한 생각에 깊이 잠겨 있으면 죽음의 순간에 육신을 떠나면서도 그 대상을 생각하는데, 그러면 그는 오직 그곳으로 간다." (8장 6절)

"죽는 순간까지도 나만을 생각하며 육신을 떠나는 자는 나의 상태에 이르나니, 여기에 관해서는 의심의 여지가 없다."(8장 5절)

마지막에 생각하는 대상은 평소 습관적으로 생각하던 대상일 것이다. 그러므로 마지막 순간에 신을 생각하려면 항상 신에 대해 생각해야 한다.

97

vīḍuviṭ ṭirttuḷa vīḍupukkup paiyavun

vīḍukāṭ ṭinaiyaru ḷaruṇāchalā

오, 아루나찰라여! 당신은 저를 저의 집(자아) 밖으로
끌어내어 가슴의 집으로 들어가게 하셨으며,
가슴이 곧 당신의 집임을 서서히 보여 주셨습니다.
당신의 은총은 그러합니다.

자아는 거짓 '나' 이다. 영혼을 구속하는 것은 바로 자아다. 신의 은총에 의해서 헌신자는 이기심으로 만들어진 속박에서 해방된다. 그녀는 신의 거처인 가슴 에테르 곧 천국으로 들어가는데, 이곳은 진정한 참나의 자리이다. 타밀어 비두(vidu)는 '집' 과 '해방' 을 의미한다. 자아는 영혼의 감옥이다. 가슴은 그녀가 해방을 발견하는 진정한 집이다.

여기에서는 라마나가 마두라이(Madurai)에 있는 삼촌 집을 떠나 아루나찰라에 도착하는 과정이 암시되어 있다.

98

veḷiviṭṭe nunseyal veruthiḍā dunnaruḷ

veḷiviṭ ṭenaikkā varuṇāchalā

오, 아루나찰라여! 저는 당신이 행하신 바를

사람들에게 알렸습니다.

이 때문에 저를 미워하지 마십시오.

그 대신에 당신의 공간(즉 은총) 안으로

저를 받아들이시어 저를 구하소서.

이 찬가에서 헌신자의 영혼은 신이 자기와 했던 유희에 대하여 사람들에게 얘기했다. 신은 이 때문에 화를 내서는 안 된다. 그녀가 사람들에게 얘기한 것은 신에 대한 열망 때문이다. 신은 무한한 자비심으로 이 모든 것을 너그럽게 보아주며 그녀를 구하러 와야 한다.

99

vēdān tattē vērara viḷangum

vēdap poruḷaru ḷaruṇāchalā

오, 아루나찰라여! 차별 없는 실재로서

베단타에서 빛나는 베다의 으뜸 진리를

제게 자비롭게 허락하소서.

베단타(Vedanta)는 베다(Vedas)의 끝 혹은 목적지를 의미한다. 그렇게 불리는 이유는 베다의 요지가 담겨 있기 때문이다. 그 요지는 지고의 참나, 브라만은 비이원적이며 둘이 아닌 하나라는 것이다. 이 세상에서 경험되는 차별, 이 세상을 구성하는 것들은 진짜가 아니지만 분명히 보인다. 헌신자의 영혼은 이 완전한 진리가 자기에게 드러나기를 기도한다. 브라만은 베다의 원천이며, 베다로써 알려질 수 있다.

100

vaidalai vāzhttā vaittaruṭ kuḍiyā

vaittenai viḍādaru ḷaruṇāchalā

오, 아루나찰라여! 저의 비방조차도 찬사로 여기시어

저를 물리치지 마시고

당신의 은총으로 저를 보호하소서.

신에게 스스럼없이 얘기할 때, 헌신자는 신에게 비난의 말을 퍼부었다. 이것은 그녀가 신을 향한 열렬한 사랑을 품고 있기 때문이다. 신은 표현된 말에 얽매이지 않는다. 신은 그 속에 담긴 의도를 알고 있다. 신은 헌신자의 비난하는 듯한 표현이 실은 찬사임을 알고 있다. 신은 자기에게 달콤한 말을 하는 사람뿐 아니라 귀에 거슬리는 말을 하는 사람도 구원해야 한다. 신에게 돌을 던지고, 활이나 곤봉 혹은 막대기로 때린 성자들의 사례도 있지 않던가?

이 시의 첫 세 단어는 '당신의 손을 제 머리 위에 놓고 축복해 주시는'이라는 의미를 지니기도 한다.

101

ambuvi lālipō lanburu vunilenai
yanbāk karaittaru ḷaruṇāchalā

오, 아루나찰라여! 물 속의 눈처럼,
참사랑이신 당신의 형상 안에서 저를 사랑으로
녹여 주소서. 이처럼 자비를 베푸소서.

눈과 물은 서로 다르지 않다. 단지 외양이 달라 보일뿐이다. 눈이 녹으면 물이 된다. 영혼과 브라만은 다르지 않다. 그런데도 분명히 달라 보이는 것은 영혼의 무지 때문이다. 무지가 참지식에 의해 파괴될 때, 비이원성의 진리가 실현된다. 『우파니샤드』는 해방(moksha)을 우유에 부어지는 우유, 혹은 물에 부어지는 물에 비유하고 있다. 부어지는 우유와 원래 있는 우유, 부어지는 물과 원래 있는 물 사이에는 아무런 차이가 없다. 그것은 모두 우유요, 물이다.

참나의 본성은 순수한 사랑, 행복, 희열이다. 우리가 사랑이라고 여기는 것들은 단지 참나인 사랑의 향기가 반영된 것일 뿐이다. 『브리하다라니야카 우파니샤드*Brihadaranyaka Upanishad*』에서 현자 야그나발키아(Yajnavalkya)는 마이트레이(Maitreyi)에게 다음과 같이 말하고 있다. "남편이 소중한 것은 남편을 위해서가 아니라 참나를 위해서다. 아내가 소중한 것은 아내를 위해서가 아니라 참나를 위해서다. …… 모든 것이 소중한 것은 모든 것을 위해서가 아니라 참나를 위해서다."

참나는 행복의 자리이다. 참나는 사랑 그 자체이다. 이 시에서, 헌신자의 영혼은 분리된 개별성이 소멸됨으로써 자신의 진정한 본성이 비이원적인 사랑으로서 실현될 수 있도록 기원하고 있다.

102

aruṇaiyen ḍreṇṇayā naruṭkaṇṇi paṭṭenun

naruḷvalai tappumō varuṇāchalā

오, 아루나찰라여! 당신을 아루나찰라로 생각하는 순간,

저는 은총의 그물에 걸려 버렸습니다.

당신이 은총의 그물에 걸린 자를 놓치겠습니까?

어부의 손인 아루나찰라 신은 영혼이 걸려들도록 은총의 그물을 던진다. 아루나찰라를 생각하는 순간, 헌신자의 영혼은 은총의 그물에 걸린다. 그물은 너무 강하여 한 번 걸린 사람은 결코 탈출할 수 없다. 헌신자의 영혼은 그물에서 벗어나기를 원하지 않는다. 어부의 그물에 걸린 물고기는 자유를 잃고 만다. 그러나 은총의 그물에 걸린 헌신자의 영혼은 은총의 울타리 안으로 들어오면서 참된 자유를 찾는다.

103

chindit taruṭpaḍach chilandipōl kaṭṭich

chiraiyiṭ ṭuṇḍanai yaruṇāchalā

오, 아루나찰라여! 제가 당신을 생각하다

은총에 사로잡혔을 때, 당신은 거미처럼

저를 꽁꽁 묶어 가두고서 다 드셔 버렸습니다.

여기에서는 거미와 거미집의 비유를 들고 있다. 거미는 자기의 내장에서 실을 뽑아 그물을 짜 놓은 뒤 곤충들이 걸려들기를 기다리다가, 먹잇감이 그물에 걸리면 달려가서 삼켜 버린다. 지고의 신인 아루나찰라는 헌신자들이 구원받을 수 있도록 은총의 그물을 펼쳐 놓는다. 신에게 잡아먹힌다는 것은 깨달음과 은총을 통해 자아가 소멸된다는 뜻이다. 이런 일이 일어날 때 헌신자의 영혼은 자신이 지고의 실재와 다르지 않음을, 곧 자신이 지고의 실재임을 깨닫는다.

104

anboḍun nāmanke ḷanbarta manbaruk

kanbanā yiḍavaru ḷaruṇāchalā

오, 아루나찰라여! 사랑의 마음으로
당신의 이름을 듣는 당신의 연인들,
저로 하여금 그들의 연인이 되게 하소서.

아루나찰라 신과 그의 이름 사이에는 아무런 차이가 없다. 신과 헌신자 사이에도 전혀 차이가 없다. 헌신자를 섬기는 것은 신을 섬기는 것이다. 그런 까닭에 많은 헌신자들은 신의 헌신자를 섬기는 특권을 달라고 신에게 간청해 왔다. 성자 타유마나바르(Tayumanavar)는 말한다. "만약 제가 헌신자들을 섬기도록 훈련받는다면, 저절로 희열의 상태에 이를 것입니다."

성자 아파르(Appar)의 시는 헌신자가 신에게 미치

게 되었다는 감동적인 이야기를 다음과 같이 들려준다. "그녀는 처음에 신의 이름을 들었다. 다음에는 신의 생김새와 성격에 대해 들었다. 그 뒤에는 신이 살고 있는 아름다운 거처에 대해 들었다. 마침내 그녀는 신에게 미쳐 버렸다. 바로 그 날 그녀는 어머니와 아버지 곁을 떠났다. 그녀는 일반적인 세상의 관습을 포기했다. 그녀는 자기를 잊어버렸고 이름도 잊어버렸다. 그 아가씨는 신에게 자기를 완전히 내맡겼다."

105

enpōlun dīnarai yinburak kāttunī

yennāḷum vāzhndaru ḷaruṇāchalā

오, 아루나찰라여!

저와 같이 힘없는 사람들을 보호하시어

행복하게 하는 분이시여, 영원하소서!

아루나찰라는 힘없는 사람들을 돕는다. 그는 고통에 빠진 사람들을 구원하러 온다. 구원하는 것은 아루나찰라의 본성이다. 아루나찰라는 헌신자들을 구원하지 않을 수 없고, 결국은 모든 영혼을 구원할 수밖에 없다. 헌신자의 영혼은 모든 사람을 구원해 달라고 빈다. 헌신과 참지식 속에는 이기심이 들어설 여지가 없다. 해방을 추구하는 것은 이기적인 일이 아니다. 진실로 신에게 헌신한다면 세상사람 전체의 행복에 이바지한다. 다음은 모두를 위한 기도이다.

"모두가 여기에서 행복을 누리도록 하소서!
모두가 질병에서 벗어나게 하시고
모두가 상서로운 일만을 보게 하시고
아무도 불행을 운명으로 받아들이지 않게 하소서."

106

enburu kanbarta minśorkoḷ seviyumen

punmozhi koḷavaru ḷaruṇāchalā

오, 아루나찰라여! 사랑으로 뼈마저 녹은 헌신자의
달콤한 노래를 듣는 당신의 귀가
저의 보잘 것 없는 노래를 받아들이는 자비를 베푸소서.

헌신자의 영혼은 타고난 겸손과 겸양으로 자신의 시를 성자 마니카바차카르(Manikkavachakar)와 같은 시인들의 아름다운 시와 비교하여 보잘것없다고 말한다. 사실, 모든 말은 신으로부터 나온다. 어느 누구도 신의 은총 없이는 소리를 낼 수 없다. 신은 말 중의 말이며, 으뜸가는 말씀이다. 신의 은총이 없다면, 우리는 신을 찬양할 수도 없다. 아차리아 상카라는 그의 시 『사운다리아 라하리*Saundarya Lahari*』의 마지막 절에서 만물의 어머니에게 다음과 같이 기도한다.

"오, 말씀의 어머니시여! 당신을 위해 당신의 말로 표현된 이 찬양의 노래를 짓는 것은 한 줄의 타오르는 등불을 흔들어 태양을 숭배하는 것과 같고, 월장석에서 떨어지는 물방울을 봉헌함으로써 달을 기쁘게 하려는 것과 같고, 바닷물을 바다에 부음으로써 바다를 만족시키려는 것과 같나이다."

107

porumaiyām bhūdara punsolai nansolāp
poruttaru ḷishṭampin naruṇāchalā

오, 아루나찰라여! 인내의 산이시여!
저의 보잘것없는 노래를 아름다운 노래로 여기며
너그럽게 들어 주소서. 당신의 뜻이 이루어지이다!

잘못을 저지르는 것은 인간의 일이요, 용서를 베푸는 것은 신의 일이다. 헌신자의 영혼은 혹시 자신이 지은 찬가에 부족한 점이 있다면 너그럽게 보아 달라고, 또한 이 노래를 짓도록 영감을 준 헌신을 받아 달라고 신에게 기도한다. 신을 찬양하려는 시도는 반드시 실패하게 되어 있다. 왜냐하면 신은 말과 생각의 범위를 초월해 있기 때문이다. 헌신자의 영혼은 신을 찬양할 수밖에 없다. 그러나 신을 찬양하기에 알맞은 말을 찾을 수 있으리라고는 기대하지 않는다. 헌신자의 영혼은 자신의 의지가 없다. 이 세상을 움직이는 것은 신의 의지이다. 헌신자도 이 점을 알고 있다. 그래서 성인 마니카바차카르는 이렇게 노래한다.

"우리에게 무엇이 필요한지는 당신이 가장 잘 알고 계십니다. 필요한 것을 주시는 분은 바로 당신입니다. 브라마와 비슈누가 당신을 얻기를 바랍니다만, 당신은 얻기가 너무 어렵습니다. 그러나 당신은 자진하여 저의 주인이 되셨습니다. 그러므로 무슨 일이든 원하시는 대로 자비롭게 행하소서. 저도 그것을 원합니다. 그러나 만약 저에게 제 뜻대로 무언

가를 원하는 기색이 흔적이라도 남아 있다면, 그 또한 당신의 달콤한 의지가 아니겠습니까?"

108

mālai yaḷittaru ṇāchala ramaṇaven
mālai yaṇindaru ḷaruṇāchalā

오, 아루나찰라여! 황홀케 하시는 신이시여!
저에게 넘치는 사랑을 주시고,
제가 드리는 이 화환을 자비롭게 목에 걸치소서.

사랑의 기도는 이 시로 끝맺는다. 헌신자의 영혼은 신의 사랑이 가슴속에서 더욱 강해지기를 기원하며, 자신이 만든 결혼 화환문을 받아 달라고 신에게 간청한다.

감사기도

aruṇāchalām vāzhi,

yanbarkaḷum vāzhi,

akshara maṇamālai vāzhi

아루나찰라여 영원하소서!

헌신자들이여 영원하소서!

이 결혼 화환문이여 영원하소서!

* * *

아루나찰라에 바치는 다섯 편의 시

Arunachala Pancharatnam

아루나찰라

머리말

바가반 라마나(Bhagavan Ramana)가 지은 「아루나찰라에 바치는 다섯 편의 찬가*The Five Hymns to Arunachala*」 중에서 현재의 것은 원래 산스크리트로 쓰인 것이다. 1971년 어느 날, 탁월한 산스크리트 학자이자 헌신자인 카비야칸타 가나파티 사스트리(Kavyakantha Ganapati Sastri)는 바가반에게 산스크리트 시를 지어 달라고 요청했다. 바가반은 미소를 지으며, 산스크리트를 거의 모르며 산스크리트 작시법도 잘 모른다고 대답했다. 그러나 카비야칸타는 그쯤에서 포기하고 싶지 않았다. 그는 아리아(arya)라고 하는 산스크리트 운율을 설명한 뒤, 이 운율에 맞추어 시를 지어 달라고 요청했다. 그 날 저녁, 그가 바가반을 찾아갔을 때 훌륭한 산스크리트 시가 준비되어 있었는데, 아루나찰라에게 바치는 다섯 편의 짧은 시로서 그 안에 베단타의 가르침 전체가 담겨 있었다.

이 찬가는 아루나찰라에 관한 주옥같은 다섯 편의 시로 구성되어 있는 까닭에 「아루나찰라 판차라트남 *Arunachala Pancharatnam*」이라는 이름이 붙었다. 첫 두 편의 시에서는 실재의 본질이 두 가지 단계, 즉 본질적인(swarupa) 단계와 제한적인(tatastha) 단계로 나뉘어 설명되고 있다. 나머지 세 편의 시에서는 완성에 이르는 길이 개략적으로 묘사되어 있다. 이 짧은 시에서 바가반은 경전(sutra)의 형식에 담아 베단타의 진수를 전하고 있는데, 이것은 그의 가르침에서 볼 수 있는 특유의 강조점들이기도 하다. 바가반은 타밀어를 쓰는 구도자를 위해 이 시를 직접 타밀어의 벤바(venba)로 번역했다. 이 번역문은 어느 헌신자의 요청에 따라, 바가반이 지은 아루나찰라에 관한 다른 네 편의 타밀어 시와 함께 묶여 『아루나찰라 스투티 판차캄Arunachala Stuti Panchakam』이라는 제목으로 1922년에 출간되었다.

앞서 말했듯이, 「아루나찰라 판차라트남」의 첫 두 편의 시는 실재의 본질을 가리키고 있다. 『우파니샤드』는 실재의 본질을 두 가지로 설명하고 있다. 즉 실재 그 자체가 존재-의식-희열(sat-chit-ananda)이며, 그 제한적인 조건이 이 세계의 인과관계라는 것이다.

전자의 정의는 브라만의 스와루파 락샤나(swarupa lakshana)이고, 후자는 타타스타 락샤나(tatastha lakshana)이다. 실재 그 자체는 속성이 없으며(nirgua) 무조건적(nirupadhika)이다. 실재가 세상의 원인으로 보이는 까닭은 환영(maya) 때문이다. 제1편 시에서 바가반은 아루나찰라를 무조건적이고 무제한적인 존재-의식-희열인 지고의 참나(Paramatman)라고 부른다. 그것은 천상의 빛이며 희열의 바다이다. 거기에는 다원성도 없고 세상도 없다. 그것은 니슈프라판챠(nishprapancha)이다. 제2편 시에서 아루나찰라는 세상의 토대로서, 우주의 근원이자 목표인 신으로서 묘사되고 있다.

창조물은 실재가 아니다. 창조물은 실체가 없는 겉모습이다. 영화의 비유가 암시하는 것이 이것이다. 바가반 자신이 한때 그 의미를 어느 헌신자에게 설명했듯이, "우주는 영사막에 비친 그림과 같고, 붉은 산 아루나찰라는 영사막과 같다. 일어나고 사라지는 것은 그것이 일어나는 근원으로 이루어져 있다. 우주의 궁극 원인은 아루나찰라 신이다." 따라서 이 세상은 아루나찰라-브라만의 변형(vivarta)이며, 그것 자체로는 실체가 없다. 아루나찰라에 대한 명상을 위하여 신체의 특정 장소가 지정되었다. 그곳은 '가슴' 인데, 흉부의 왼쪽에 있는 육체적인 가슴이 아니라 흉부의 오른쪽에 있는 영적인 가슴을 말한다. 아루나찰라를 '진정한 가슴' 이라고 부를 수 있는 까닭은 만물의 중심이기 때문이다.

제3편 시에서 바가반은 참나 탐구의 길을 가르친

다. 이것은 참지식의 길(jnana marga)과 같은 것이다. 『아드바이타 베단타』에 의하면, 참지식은 해방(mokhsa)의 직접적인 수단이다. 해방은 새로이 성취되는 것이 아니다. 그것은 참나의 영원한 본성이다. 우리는 무지로 인해 그것을 인식하지 못하고 있다. 우리가 그것을 인식한다면, 그것은 참나에 대한 진정한 지식 때문이다. 바가반이 가르친 참지식의 길은 잘 알려져 있다. 그것은 "나는 누구인가?"라는 탐구의 형식을 띠고 있다. 모든 사람이 이 길을 갈 수 있지만, 더 확실하고 빨리 가려면 순수한 마음과 일념으로 탐구해야 한다. 이 탐구의 길을 따르기에 적절하도록 마음을 돕는 방법으로는 명상(dhyna)과 헌신(bhakti)과 행위(karma)가 있다.

제4편과 제5편 시에서 바가반은 이 수행들을 언급하고 있다. 이기심 없는 봉사(karma yoga)는 마음의 모든 불순물을 제거한다. 신에 대한 헌신(bhakti yoga)과 명상(dhyana yoga)은 마음이 한곳에 모이도록 한다. 순수한 마음이 내부로 향하여 그 근원을 탐

구할 때, 그것은 그 근원인 지고의 참나 즉 아루나찰라와 합쳐진다. 이것은 모든 영적 수행의 궁극적 목표이며 존재-의식-희열의 완전한 경험이다.

1

karuṇāpūrṇa-sudhābdhē
kabalitaghana-visvarūpa kiraṇāvalyā
arunāchala paramātman
aruṇō bhava chittakanja-suvikāsāya.

연이은 빛의 물결로 온 우주를 삼키는
은총으로 가득 찬 감로의 바다여!
오, 지고의 참나인 아루나찰라여!
태양처럼 저를 비추어
가슴의 연꽃이 만발하게 하소서.

이것은 바가반 슈리 라마나가 지은 「아루나찰라 판차라트남」의 제1편이다. 이 시는 가슴의 연꽃이 피어나도록 간청하는 기도이다. 가슴은 신에게 바치기에 적당하므로 연꽃에 비유된다. 연꽃이 해가 떠오르는 새벽녘에 피듯이, 가슴은 신의 은총이 가슴에 찾아올 때에만 피어날 수 있다. 신은 태양 중의 태양이다. 개별 영혼의 가슴이 무르익고 순수해지는 것은 신의 은총에 의해서이다.

신은 변함없이 늘 같은 빛인 아루나찰라이다. 그는 지고의 참나이다. 그는 은총과 불멸의 바다이다. 악하고 불완전한 모든 것을 파괴하는 것은 바로 신이다. 만약 헌신자가 영원한 생명을 주는 영적 깨달음을 얻고자 한다면, 신 이외에 누구에게 의지할 것인가? 완전함은 아루나찰라의 은총을 통해 얻을 수 있다.

2

tvayyaruṇāchala sarvam

bhūtvā sthitvā pralīnam etat chitram

hṛdyaham ityātmatayā

nṛtyasi bhōstē vadanti hṛdayam nāma.

오, 아루나찰라여, 당신 안에서 모든 것이 생겨나

잠시 머물다 사그라집니다.

놀라울 뿐입니다(그림처럼 말입니다).

가슴속에서 당신은 '나'로서, 참나로서 춤을 추십니다.

오, 신이시여! 사람들은 당신을 '가슴'이라고 부릅니다.

아루나찰라는 지고의 신이다. 신은 이 세계의 유일한 원인이자 모든 원인이다. 『타이티리야 우파니샤드』는 브라만의 본성에 관해 설명하며, 브라만을 모든 존재가 생겨나서 머물다가 다시 돌아가는 곳이라고 규정한다. 브라만은 우주의 토대이다. 브라만은 우주의 원인이므로 신이라 불린다. 그러나 어떤 창조론도 만족스러울 수 없다. 어떻게 하나로부터 다수가 나타나는지는 수수께끼이다. 그러므로 신은 이 세상의 재료이며 동인(動因)이라고 한다. 이 세상의 시작과 중간과 끝은 모두 신 안에 있다. 그래서 바가반 슈리 라마나는 아루나찰라 안에서 이 모든 것이 나타난다고 말한다. 이렇다는 것은 참으로 놀라운 일이다. 이 점을 설명하기 위해 보통은 거미가 자기 내장에서 실을 뽑아 거미집을 만드는 비유를 든다. 그러나 그러한 설명도 궁극적으로는 타당하지 않음을 현자들은 알고 있었다. 세상과 창조에 관한 가르침은 비이원적인 브라만의 실현으로 인도하기 위한 서론일 뿐이다.

에타트 치트람(etat chitram)이라는 표현은 "이것은 그림과 같다."라는 의미로 받아들여질 수도 있다. 미술에 비유한 것은 이 세상이 단순한 사실로서가 아니라, 브라만이라는 최고의 가치를 나타내는 것으로 간주되어야 함을 보여 주려는 것이다. 심지어 하나의 사실로서도, 세상은 브라만에 토대를 두고 있다. 브라만은 이 세계라는 그림이 그려지는 화포인 것이다.

우주의 실재는 또한 개인의 실재이기도 하다. 그것은 가슴속에서 '나' 즉 참나로서 나타난다. 그것은 그 자체로서 '가슴'이라고 불린다. 만물의 중심이기 때문이다. 그것은 가슴속에서 춤을 춘다고 표현된다. 만물을 움직이는 원동력이며 기쁨의 원리이기 때문이다.

아루나찰라는 우주의 움직이지 않는 밑바탕이며, 가슴 에테르라고 하는 무도장(Chidambaram)에서 춤추는 춤의 왕 나타라자(Nataraja)와 같다.

3

aham iti kuta āyātī

tyanvishyāntah pravishṭayā tyamaladhiyā,

avagamya svam rūpam śāmyat

yaruṇāchala tvayi nadīvābdhau.

오, 아루나찰라여! 순수한 마음으로 내면을 향하며
'나'라는 생각이 어디에서 일어나는지 물어
자기의 본성을 깨닫는 사람은
바다 속의 강물처럼
당신 안에서 침묵하게 됩니다.

여기에서는 참나 탐구의 길을 설명하고 있다. 그 방법은 '나'라는 생각을 그 근원까지 추적해 들어가는 것이다. '나'라는 생각은 모든 생각 가운데 첫째로 일어나는 생각이다. 그 생각은 어디에서 일어나는가? 이 근원은 마음을—마음 역시 본질적으로는 생각이지만—이용함으로써 자연스럽게 발견되어야 한다. 그러나 오직 순수하며 내면을 향하는 마음만이 이렇게 할 수 있다. 마음이 순수하지 못하고 바깥을 바라볼 때, 마음은 산란해지고 흩어지며 감각의 대상에 빠지게 된다. 진리를 알고 평화를 찾으려면, 마음이 바깥에 있는 것들에 대한 광적인 추구를 그만두어야 한다. 순수한 마음만이 이렇게 할 수 있다. 순수한 마음이 내부로 향해 '나'라는 생각의 원천을 조사하면 이 '나'가 가짜의 나라는 사실을 발견한다. 이것을 알면 모든 생각이 사라지고 진정한 참나만이 남게 된다. 자아는 스스로 죽고 아루나찰라인 참나와 하나가 된다. 이것은 강물이 바다로 들어가서 자기를 잃어버리는 것에 비유된다.

『문다카 우파니샤드*Mundaka Upanisad*』(3권, 2장 8절)는 다음과 같이 선언한다.

yatha nadyah syandamanah samudre
'stam gacchanti namarupe vihaya
tatha vidvan nmarupadvimuktah
paratparam purusham upaiti divyam

"흐르는 강물이 바다 속으로 사라지며 이름과 형상을 버리듯이, 이름과 형상을 벗어난 현자도 높은 곳보다 더 높은 곳에 있는 신을 향해 간다."

4

tyaktvā vishayam bāhyam
ruddha prāṇēna ruddha manasāntastvām,
dhyāyan paśyati yōgi
dīdhitim aruṇāchala tvayi mahīyantē.

오, 아루나찰라여! 바깥 대상을 버리고
호흡과 마음을 다스리며
당신을 명상하는 요가 수행자는
빛을 보며 당신 안에서 기쁨을 발견합니다.
(또는, 이것은 당신의 영광입니다.)

여기에서는 명상의 길(dhyana)인 요가의 방법이 개략적으로 설명되고 있다. 마음은 감각 기관을 통해 밖으로 나오며, 대상을 즐기기 위하여 대상 쪽으로 흘러가는 것이 보통이다. 마음은 대상을 통해 기쁨을 얻는다고 착각한다. 마음은 스스로 탕진함으로써 고통을 겪을 뿐이다. 그러나 무지의 마력에 걸려 있는 까닭에 교훈을 배우지 못한다. 하나의 대상에 실망한 마음은 다른 대상으로 건너뛴다. 요가는 마음이 다시 돌아가는 과정이다. 즉 요가는 마음을 내부로 돌려놓음으로써 마음을 통제(chittavritinirodha)하는 것이다. 호흡의 통제는 마음의 통제를 돕는 수단으로서 행해진다. 몸을 단련하고 호흡을 통제하면 마음을 길들이기가 쉬워진다. 마음이 한곳에 모아지고 참나 즉 신에 고정되면 내면에서 평화와 기쁨을 발견한다. 마침내 요가 수행자는 신을 깨닫는다. 신은 빛의 형태로 보이는데, 이 빛은 물질적인 빛이 아니라 순수 의식 혹은 각성이다. 이 빛은 아루나찰라이며 지고의 영이다. 그 광채는 비할 바 없으며, 그 위대함은 탁월하다. 이 빛을 보는 것은 그것이 되는 것이다. 요가 수행자의 개별성은 용해되고, 희열인 완전만이 남게 된다.

5

tvayyarpita manasā tvām

paśyan sarvam tavākṛtitayā satatam

bhajatē' nanya prītyā

sa jayaty aruṇāchala tvayi sukhē magnah

오, 아루나찰라여! 마음을 당신께 바치고,

당신을 보며, 모든 것을 당신의 형상으로 보면서,

변함없는 사랑으로 당신을 숭배하며

희열인 당신 안에 잠겨 있는 자는

승리를 얻습니다.

이 마지막 시는 헌신의 길을 설명하고 있으며, 사심 없는 행위의 길이 암시되어 있다. 헌신의 정수는 신을 섬기는 일에 자신의 영혼을 완전히 바치는 것이다. 헌신은 처음에는 꽃과 과일 같은 외적인 물건을 신에게 바침으로써 시작될 수 있다. 그러나 헌신이 성숙해지면 마음과 가슴을 신에게 바친다. 어디에서나 신을 보고 모든 것을 신의 표현으로 보는 헌신자만이 이렇게 할 수 있다. 그러면 그가 하는 모든 일은 신을 섬기는 행위가 될 것이다. 이것이 바로 카르마 요가(Karma yoga)의 핵심이다. 이렇게 섬길 때 신에 대한 헌신자의 사랑은 강렬해지며 완전해진다. 그리고 마침내 그는 유한하고 무디며 고통스러운 것들을 모두 이기게 된다. 이제 그의 개별성은 사라져 없어지며, 오로지 브라만 곧 끝없는 희열의 바다만이 존재한다.

아루나찰라의 현자

The Sage of Arunachala

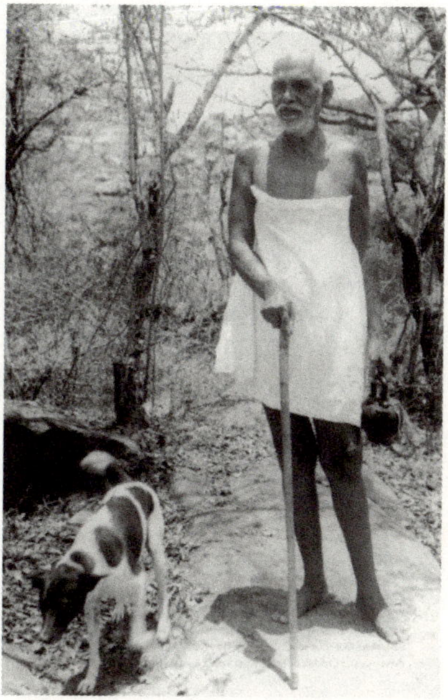

이 기사는 바가반 슈리 라마나 마하리쉬가 마하니르바나에 드시기 5일 전인 1950년 4월 9일 일요일자 인디언 익스프레스 지의 잡지 란에 기고된 마하데반 박사의 글이다.

티루반나말라이(Tiuvannamalai, 산스크리트로는 '아루나찰라')는 힌두교도들에게 가장 성스러운 성지순례 장소 가운데 하나이다. 신이 그곳에서 빛의 형상으로 숭배되고 있기 때문이다. 해마다 한 차례씩 성스러운 횃불이 산꼭대기에 밝혀지며, 수천 명의 사람들이 그 빛을 보고 경배 드리기 위하여 그곳으로 모여든다. 그러나 이제 그곳은 일 년 내내 온 세상 사람들이 영성을 찾기 위하여 들르는 국제 항구가 되었다. 왜냐하면 신 깨달음의 살아 있는 불꽃인 마하리쉬 라마나가 그곳에 계시기 때문이다.

그는 어린 십대 소년으로서 아루나찰라에 온 뒤로 반세기가 넘도록 그곳을 떠나지 않았다. 아루나찰라라는 이름 자체가 신으로부터의 긴급한 부름이었으며, 그는 순순히 그 부름에 복종했다. 자아가 없는 숭고한 상태가 그에게 찾아왔다. 그 상태는 한 번 오면 절대로 가는 법이 없다. 엄밀히 말하자면, 그것은 수많은 경험 상태 가운데 하나가 아니다. 그것은 오는 것도 아니며, 시간 속의 어느 한 순간에 일어나는 일도 아니다. 그것은 영원한 상태(sahaja sthiti)이다. 사람들은 무지 때문에 그것을 알아보지 못한다. 그래서 무지가 사라지면, 스스로 빛나는 영의 본성이 빛을 발하게 된다. 이것이 베단타에서 해방이라고 말하는 상태이다. 그것은 사후의 체험이 아니다. 몸을 입고 있는 것과 해방은 모순되는 것이 아니다. 깨달음에 장애가 되는 것은 오직 자아를 자기라고 믿는 그릇된 동일시뿐이다. 그 장애가 제거된 사람은 살아 있는 동안에도 자유로운 지반묵타(jivanmukta)가 된다. 우리는 그러한 위대한 영혼들을 경전 속에서 많이 본다. 그러나 마하리쉬는 우리 시대의 살아 있는 지반묵타이며, 가장 숭고한 베단타 경전의 살아 있는 증인이다.

만약 우리가 마하리쉬와 같은 현자들을 보지 못한다면, 행위 속에서 행위 없음을 보고 행위 없음 속에서 행위를 본다는 『바가바드 기타』의 내용과 같은 경전들의 많은 내용이 모호하고 이해하기 어려운 상태로 남게 될 것이다. 슈리 라마나가 주변에서 일어나는 일들에 관심을 가지고 있는 것처럼 보이는 것은 분명하다. 그는 사람들을 알아보고 이따금 그들과 이야기를 나누었다. 심지어 인간보다 하위의 종에 속하는 피조물에게도 관심을 보였다. 그러나 이 모든 행위들은 최소한의 집착도 없이 행해졌다. 사실, 그것들은 전혀 행위가 아니었다. 그 행위들 속에는 자아가 없었기 때문이다. 행위의 알맹이는 제거되었으며 껍질만 남아 있다. 그마저도 우리들 구경꾼을 위해서.

아무것도 이 영겁의 바위산에 영향을 준 것 같지 않다. 이 산은 가까이에서, 멀리서 일어나는 모든 일의 증인으로 서 있다. 이 산에게는 높고 낮음의 구별이 아무런 의미가 없다. 이 산을 찾는 이방인이나 외국인은 심지어 처음 보기만 해도 완전히 긴장이 풀리고 자유로움을 느낀다. 우리는 다른 사람에게 낯설거나 이상하게 보일 수 있다. 그러나 우리가 우리 자신에게 어떻게 낯설 수 있겠는가? 개별성의 한계를 넘어 버린 마하리쉬는 자연스럽게, 아무 힘들이지 않고—빈약한 언어로나마 표현하자면—만물과의 일체감을 느끼는 것이다. 그는 신분이 높든 낮든, 소든 코끼리든, 개든 개를 먹는 사람이든, 모든 존재를 똑같이 본다. 이러한 분류는 '다름'이라는 그물망에 사로잡힌 우리에게는 의미를 가질지 모른다. 사마(sama, 같은 것) 즉 비이원적인 브라만을 본 사람에게는 다수 혹은 다름이라는 관념이 존재하지 않는다.

영혼의 치유자

마하리쉬의 면전에 앉아서 그의 행복에 빛나는 두 눈의 충만한 광채를 쬐는 것은 즐겁고도 독특한 경험이다. 우리는 잡다한 의심과 의문을 품고 그를 찾아갈지도 모른다. 그러나 이 현자의 앞에 앉으면 마음의 파도가 가라앉고 불타 없어지는 일이 빈번히 일어난다. 우리는 가슴의 매듭이 끊기고 모든 의심이 사라질 때 『우파니샤드』가 말하는 본래 상태를 미리 맛볼 수 있다. 우리는 한 걸음 뒤로 물러서서, 마음의 사나운 물결이 어떻게 가라앉고 스스로 빛나는 영의 평온한 영상을 받아들이는지를 지켜보게 된다. 오랜 요가 수행 끝에 도달할 수 있는 상태를 마하리쉬의 근처에서는 힘들이지 않고 손쉽게 성취할 수 있다. 이러한 경험이 오랫동안 머물지 않을 수 있다는 것도 사실이다. 우리는 다시 속세로 돌아가 세속의 둥지 속에서 다시 뒹굴게 될지도 모른다. 그러나 이미 얻어진 영성의 각인은 결코 사라지지 않는다. 현자의 숭고한 눈길을 받아서 영혼 깊은 곳이 휘저어진 사람이라면, 다시 그 현자를 찾아가서 영원에 관한 새로운 계시를 받고 싶은 바람을 갖지 않기란 힘든 일일 것이다.

어떤 사람들은 마하리쉬를 친견(darshan)하면 세속적인 욕망이 충족될 것이라고 믿고 그를 찾아간다. 그러나 그를 기다리고 있는 불멸의 희열을 만나면 곧 덧없는 쾌락을 요구한 자신의 어리석음을 발견하게 된다. 그들은 욕망이 충족되지 않았다고 해서 불만을 품는 대신, 망상과 덫에서 구원받은 것에 감사할 것이다. 『카토파니샤드*Kathopanisad*』를 보면, 나치케타스(Naciketas)는 야마(Yama)에게 참나 지식을 달라고 했지만, 대신 세상의 모든 쾌락을 제공받았다. 그러나 그 소년은 영성의 진정한 아들이었으므로, 선(善) 대신 쾌락을 받아들이라는 유혹을 물리쳤다. 우리에게 지고선의 화신인 마하리쉬는 우리의 저급한 열망과 욕망을 목샤 카마(moksha kama), 즉 해방을 향한 강렬한 열망으로 변화시킨다.

어떤 사람들은 마하리쉬를 통해 이 세상의 병폐를 치료해 줄 만병통치약을 발견하고 싶다는 호기심으로 그를 찾아간다. 그들은 가난과 문맹, 질병과 전쟁 등의 문제를 해결할 방도를 그에게 묻는다. 그들은 사회 개혁이라는 종교를 믿고 사회의 재정비를 추구한다. 그들은 각기 다른 방식으로 질문을 만들어 낸다. 마하리쉬는 사회 개혁가에게 어떤 메시지를 전달해야 하는가? 깨달음을 얻은 사람이라면 자신과 같은 인간의 운명을 개선하기 위해 마땅히 노력해야 하지 않겠는가? 세상은 이처럼 불행과 고통으로 가득 차 있는데, 연민의 가슴을 지닌 사람이라면 어찌 세상의 행복을 위해 애쓰지 않고 가만히 있을 수 있겠는가? 그렇게 질문하는 사람들에게 현자가 주는 불변의 대답은 "그대는 먼저 그대 자신을 개혁했는가?"이다. 이른바 사회봉사를 자아 만족의 수단으로 삼는 경우가 아주 많다. 이타적인 행위로 인정되는 행위의 중심에는 오히려 이기심이 자리할 때가 많다. 그러한 봉사는 봉사하는 사람에게도, 봉사를 받는 사람에게도 혜택을 주지 못한다. 봉사하는 사람은 자만심이 더욱 커지며, 봉사 받는 사람은 도덕적으로 해이해진다. 자아의 힘을 약화시키는 봉사만이 선한 결과로 인도할 수 있다. 자아가 이 세상의 모든 악과 불행의 장본인인 가짜 자아에 불과하며 참나가 아님을 모르면, 또 궁극적이고 영원한 행복, 비할 수 없는 행복은 오로지 자아라는 근본 원인 즉 무지가 없어질 때만 실현될 수 있음을 어렴풋이나마 알지 못하면 자아의 힘은 약해질 수 없다. 그래서 참나를 알고자 하지 않는 사람은 사회에 참되게 이바지할 수 없다. 개혁은 자기 자신으로부터 시작되어야 한다. 그 길을 걷는 사람은 동료인 인간을 위해 봉사하는 것이며, 그 결과 그의 자아는 정화되고 약화되어 쉽게 버려질 수 있다. 그리하여 자아가 완전히 죽고 지반묵타(jivanmukta)가 된 사람은 세상 사람들이 구원받을 수 있도록(loka sangraha) 진정으로 일한다. 좀 더 정확히 말하면, 그렇게 일하는 것처럼 보인다. 그래서 참나 탐구는 진정한 봉사의 토대이며, 참나 지식은 최고의 봉사이다.

새로운 메시지는 없다

아루나찰라의 현자는 인류에게 줄 새로운 메시지를 가지고 있지 않다. 그는 베단타의 영원한 복음을 가르치며, 말보다는 침묵을 통해서 가르친다. 상카라는 『수트라 바슈야*sutra bashya*』에서 스루티(Sruti) 경전의 다음 이야기를 인용하고 있다. 바드바(Badhva)는 가르침을 받기 위하여 바슈칼리(Bashkali) 현자를 찾아갔는데, 바슈칼리 현자는 침묵을 지켰다. 바다바가 거듭 질문을 하자 현자가 대답했다. "우리는 이미 진리를 밝혔지만, 그대는 이해하지 못했다. 참나는 고요하다(upasanta)." 마하리쉬의 가르침은 『우파니샤드』의 현자가 가르치는 내용과 정확히 똑같다. 그는 좀처럼 말하지 않는다. 신의 심해에 도달할 수 있는 것은 침묵의 고요함에 있을 때이다. 말과 생각은 우리를 충분히 멀리까지 이끌어 줄 수 없다. 심지어 경전의 말씀조차도 어느 지점까지만 우리를 도와주며, 그곳에서 멈출 수밖에 없다. 어린 닥쉬나무르티(Dakshinamurti)가 나이 지긋한 제자들을 가르칠 때에도 침묵의 언어를 사용했다는 이야기가 있다. 사실, 침묵의 가르침을 이해할 수 있는 사람은 드물다. 그래서 마하리쉬도 때로는 말을 사용하여 가르친다. 그러나 그는 질문자에게, 대답이 지혜의 빛을 향한 길잡이 노릇을 할 수는 있지만 질문과 대답이 모두 무지의 영역에 속하는 것이라며 주의를 준다. 마음이 지속되는 한, 의심은 마음을 공격할 것이다. 마음이 없는 영원한 상태(amani bhava)가 실현될 때 비로소 마음의 모든 의혹과 가슴의 의문들은 떠오르는 태양 앞의 안개처럼 스러져 없어질 것이다.

마하리쉬의 가르침은 금언처럼 다음과 같이 정리될 수 있다. "참나를 알려고 노력하라. 그러면 그 참 지식이 그대를 자유롭게 할 것이다." 『찬도기야 우파니샤드*Chandogya Upanishad*』를 보면, 여러 분야의 학문과 예술의 대가인 나라다(Narada)가 사나트쿠마라(Sanatkumara)를 찾아가서 자신은 학식이 풍부하지만 고통에서 자유롭지 못하다고 고백하는 이야기가 나온다. 그는 모든 학식이 아무 소용없으며 참나 지식만이 자신을 구할 수 있다는 것을 알았다. 그래서 그는 사나트쿠마라를 찾아가서 고통의 바다를 건너도록 도와 달라고 간청했으며 그에게서 참나에 관한 지혜를 얻었다. 경전에 나오는 지상 명령은 "참나를 알라(atmanam viddhi)."이다. 마하리쉬는 자유 혹은 해방에 이르기 위한 확실하고도 불가피한 길은 참나 탐구(atma vichara)뿐이라고 거듭거듭 말했다. 다른 사다나(sadhanas, 수행)도 그 과정에 도움을 줄 수 있지만 참나 탐구에 미치지 못한다. 해방에 이르는 직접적인 수단은 참나 지식 밖에 없다.

참나 탐구

이것은 본질적으로 『아드바이타 베단타』의 관점이다. 해방(moksha)은 참나의 영원한 본성이며, 새로이 획득되거나 성취되는 것이 아니기 때문이다. 몸의 행위든 마음의 행위든 어떤 행위도 해방을 얻게 하지는 못한다. 늘 자유로운 참나를 우리가 인식하지 못하는 이유는 무지가 진실을 가리고 거짓을 투영하기 때문이다. 이러한 무지가 제거될 때 우리는 우리의 영원한 본성이 비이원적이고 무조건적인 참나임을 깨닫는다. 무지를 없애는 것은 지혜이며, 지혜의 길을 여는 것은 참나 탐구(atma vichara)이다.

"나는 누구인가?" 라는 탐구는 마음의 노력으로 마음의 본성을 이해하려는 것이 아니다. 그 주요 목적은 마음 전체를 마음의 근원에 집중시키는 것이다. 일종의 정신병인 '나'라는 생각의 근원은 참나이다. 우리가 참나 탐구에서 하는 일은 마음의 흐름을 따라가는 대신 그 흐름을 거슬러 가는 것이며, 결국에는 변화무쌍한 마음의 영역을 초월하는 것이다. 우리가 몸이나 물질 대상과 자신을 동일시하는 그릇된 동일시로부터 풀려나기는 비교적 쉽다. 그러나 자아와 동일시하는 것을 극복하기는 어렵다. 상카라가 지은 『수트라 바시아*Sutra Bhasya*』의 주석서인 『판차 파디카*Pancha Padika*』에 나와 있듯이, "'나'라는 자만심은 참나에 부과된 첫째 짐이다." 무지의 바깥층은 쉽게 떨어져 나갈지 모른다. 그러나 맨 안쪽에 있는 마지막 층은 떼어 내기가 어렵다. 그것을 없애는 가장 좋은 방법은 그것을 추적하여 그 근원을 밝혀내는 것이다. 그 근원인 참나를 자각할 때 자아는 사라진다. 그리고 참나 지식을 통하여 '나'가 없어지면, 속박이나 그로 인한 슬픔도 사라지게 된다.

해 방

몸의 수명이 지속되든 끝나든 해방(moksha)과는 아무 관계가 없다. 마하리쉬의 경우처럼 육체는 계속 존재할 수 있으며 세상은 계속 나타날 수 있다. 그것은 실현된 참나에게는 아무런 차이가 없다. 상카라가 말하듯이, "브라만을 알게 된 자가 육신을 일정 기간 지니느냐 안 지니느냐를 놓고 다툴 필요가 없다. 가슴속에서 실현된 브라만의 지식과 육신의 연속성에 대한 우리 자신의 경험에 어떻게 다른 사람이 이의를 제기할 수 있겠는가?" 진실로 그에게는 육신도 세계도 없는 것이다. 오직 참나와 영원한 존재(sat), 스스로 빛나는 지성(chit), 그리고 더할 나위 없는 희열(ananda)만이 있을 뿐이다. 이러한 경험이 우리에게 완전히 낯선 것은 아니다. 외부의 물질세계나 내면의 꿈 세계도 의식하지 못하는 깊은 잠에 빠져 있을 때, 우리는 그 상태를 맛본다. 그러나 그 경험은 무지의 덮개 밑에 있다. 그래서 우리는 다시 꿈의 환상과 깨어 있는 세계로 돌아가는 것이다. 무지가 제거되어야만 이원성의 세계로 다시 돌아가지 않을 수 있다. 이 상태로 인도하는 것이 베단타의 목적이다. 마하리쉬와 같은 빛나는 본보기들이 있는 까닭은 가장 보잘것 없는 우리에게마저 희망을 불러일으켜 절망의 수렁에서 구출해 내기 위함인 것이다.

슈리 라마나의 사례는 독특하다. 왜냐하면 그는 경전을 공부한 뒤 경험한 게 아니기 때문이다. 그에게는 경험이 먼저 찾아왔다. 그리고 나중에야 비로소 많은 경전에서 자신의 체험을 뒷받침하는 증거를 발견했다. 참을성이 없고 조급해 하며 자신의 거룩한 경전을 태워 버리고 싶어 하는 의심 많은 세상 사람들에게 슈리 라마나는, 앞 세대의 슈리 라마크리슈나(Sri Ramakrishna)처럼, 다음의 메시지를 전하고 있다. 즉 진정한 생명의 책은 우리 내면에 있으며, 우리가 그 책을 발견하고 그 말씀에 귀를 기울인다면 그 책은 한없는 희열과 행복으로 통하는, 꿈에도 상상해 본 적이 없는 경치를 펼쳐 보일 것이다.

* * *

아루나찰라 쉬바

지은이 라마나 마하리쉬
옮긴이 김병채
초판 1쇄 발행일 2004년 8월 20일

펴낸이 황정선
출판 등록 2003년 7월 7일 제62호
펴낸곳 슈리 크리슈나다스 아쉬람
경상남도 창원시 북면 신리 771번지
대표전화 (055) 299-1399
팩시밀리 (055) 299-1373
홈페이지 www.krishnadass.com
전자 우편 lotus@krishnadass.com

값 12,000

ISBN 89-952705-7-8 03270
Printed in Korea